민세 **안재홍** 심층연구

한국학중앙연구원 편

정윤재 · 이진한 · 김인식 · 윤대식 지음

황금알

민세 **안재홍** 심층연구

　　민세 안재홍에 관한 연구가 깊어지고 있다. 1978년 고 천관우 선생께서
『창작과 비평』 겨울호에 "민세 안재홍 연보"를 발표한 이후부터 민세에 대
한 학위논문과 연구논문들이 인문, 사회과학 각 분야에서 수시로 생산되고
있어 이제는 그에 대해 전혀 낯설어하는 사람이 예전처럼 많지 않다. 지난
해 10월에는 고려대학교 최광식 박물관장의 주선으로『민세 안재홍선집
8』이 지식산업사에서 간행되더니 금년 1월에는 중앙대학교 김인식 교수가
안재홍의 해방3년 활동을 상세하게 연구한『안재홍의 신국가건설운동』을
선인출판사에서 출간하였다. 또 오는 가을이면『민세 안재홍 선집』 6권과
7권이 연이어 출간될 예정으로 되어 있어 이제 민세 연구도 그 넓이와 깊
이를 더할 것 같다.

　　최근 중국이 고구려의 자국사로의 편입을 시도하면서부터는 민세와 그
의 고대사 관련 저술들에 대한 국내 학자들의 관심이 부쩍 늘고 있다. 민세

안재홍기념사업회가 발족되면서 얘기되었던 『민세학』을 이제부터라도 본격적으로 추진하여 이를 현대 한국학의 대표적인 연구 분야로 발전시켜야 하지 않을까 하는 생각이 든다. 그리고 평소 민세의 업적과 지성사적 중요성을 인식하고 계시던 김진현 세계평화포럼 이사장께서 최근 민세 안재홍 기념사업회 회장직을 흔쾌하게 맡으셨다. 이를 계기로 앞으로 민세에 대한 학술적 연구는 물론 우리 사회를 보다 건강하고 밝은 다사리공동체로 만들어가는 실천교육활동이 전국차원에서 힘있게 펼쳐질 것 같다.

이 『민세 안재홍 심층연구』는 한국학중앙연구원의 2003년도 공동연구 과제로 채택된 이후 2년여 동안 계속된 전문학자들의 연구결과를 모은 책이다. 본 연구과제를 기획하는 과정에서 연구자들은 민세 안재홍에 대한 소개가 여러 계제에 많이 이루어져 있고 또 그에 대한 각 분야에서의 관심과 연구가 계속 축적되어가고 있지만, 이번에는 민세의 사상과 행동에 있어 보다 구체적인 분석과 이해가 필요한 부분들을 찾아 그에 대한 심층 분석을 시도하는 것이 의미가 있다는 데에 동의하였다. 그리고 연구자별로 주제를 선정한 다음, 각자가 준비한 논문초고를 서로 읽고 토론하는 기회를 3회 가졌다. 그리고 2004년 10월에는 고려대학교 박물관과 고려사학회의 후원으로 마련된『민세 안재홍선집 8』발간기념 학술대회에서 각 연구자들은 해당분야 전문가들을 초빙한 가운데 발표하고 심도 있는 토론의 기회를 갖기도 했다.

정윤재 교수의「1930년대 안재홍의 문화건설론 연구」는, 언론인과 사학자로서 일제강점기를 비타협적 민족주의자로 일관했던 민세의 민족문화 보존운동과 이를 통한 민족정체성 확보유지 노력을 "문화건설론"으로 정리, 분석한 글이다. 정교수는 특히 민세가 국제공산주의운동을 "몰민족적 대외추수주의"로 비판하고, 세계일가주의의 논리와 함께 일제가 시도했던 동화주의정책을 한민족말살정책으로 규정, 비판한 내용을 집중 검토했다. 정교수는 또 민세가 주창했던 "국제적 민족주의"는 정치적 주권과 문화적 다원성을 전제로 하는 민족주의론으로 오늘날과 같은 지구화시대에 통용될 수 있는 것으로 평가했고, 주권이 없던 일제강점기에 시도된 이 같은 민족문화건설운동은 또 다른 의미의 '비폭력적 정치'였다고 평가했다.

이진한 교수의「민세 안재홍의 신민족주의 사관에 대한 일고찰」은, 민세가 유물사관에 의한 역사발전을 인정하되, 당시 조선의 특수한 사정으로 인해 사회주의 혁명이 아닌 민주혁명이 이루어져야 한다고 생각하였음을 요령 있게 드러낸 연구다. 이 교수는 민세의 신민족주의가 사회주의 혁명보다는 민족의 독립을 강조했던 것은 그가 한민족의 특수성 또는 일원다양성(一元多樣性)을 인식했기 때문이라고 설명했다. 나아가 민세는 조선사 속에서 여러 가지 사례를 찾아내 그의 신민족주의를 합리화하였다. 이 교수는 민세의 조선사 연구가 신민족주의 정치사상의 뿌리가 되었으며, 아울러 민족주의 입장에서 유물사관의 논리로 다시 유물사관을 비판한 민세의 태도를 통해 민족주의자로서 사회주의적 요소들을 부분적으로 수용했던 그의 회통적(會通的) 사상을 찾을 수 있다고 평가했다.

김인식 교수의 「8·15해방 후 '중경임시정부 절대지지론'과 '중경임시정부 영립보강론'의 비교 검토」는 송진우·한국민주당 계열의 '절대지지론'과 안재홍·국민당 계열의 '영립보강론'을 비교분석함으로써 이른 바 '임정추대론'의 실상을 살핀 글이다. 안재홍은 국내외의 모든 혁명역량을 '적정포섭(適正抱攝)'하여 중경임시정부를 확대·강화하자고 제안한 반면, 송진우는 중경임시정부를 '개조'하자는 주장에 반대하여, 중경(重慶) 당시의 각원을 조금도 변동하지 말고 우익 민족주의 일색으로 사상을 통일

하여 그대로 정부로서 '추대' 하자고 주장하였다. 김 교수는 '영립보강론'
이 민족진영의 주도하에 민족통일전선을 완수하기 위한 전략이었고, '절
대지지론' 은 인민공화국을 타도하고 정국을 장악하려는 적대성·정파성
에서 제기된 정략이었다고 평가하였다. 그리고 '영립보강론' 과 '절대지지
론' 을 구분 지었던 가장 중요한 잣대는 민족통일전선의 시의성(時宜性)을
인정하느냐 여부에 있었다고 지적하였다.

 윤대식 교수의 「안재홍에 있어서 정치적 의무」는, 민세가 특히 정치에
있어서 의무의 가치를 강조하는 가운데 신민족주의와 신민주주의를 제창
하고 그 실천을 위해 노력했음을 분석적으로 드러낸 연구다. 민세는 신민
족주의에 기초한 국민국가 완성의 최종적인 단계로 민주적 사회의 형성을
강조했다. 그리고 민주적 사회는 균등사회의 구현으로 성취되며 그 실천방
안으로서 정치적, 경제적, 교육적 권리의 균등과 더불어 의무의 균등이라
는 삼균주의로 귀결된다는 것이다. 민세에 의하면, 국가구성원들은 어느
누구나 국가로부터 동등한 권리의 향유를 보장받는 한편, 자신들의 생존과
이익을 보장하는 국가에 대한 보상으로 구성원들은 국가에 대해 자발적인
복종과 순응을 보여야 한다는 것이다. 윤 교수는 민세의 신민족주의를 국

가에 대한 국민들의 의무 인지와 이행을 선행조건으로 하는 정치교의라고 평가했다.

공동연구자들은 이상과 같은 내용으로 민세에 대한 심층연구를 시도했지만, 그러한 당초의 목적을 어느 정도 이루었는지 확신이 서지 않는다. 정윤재 교수와 이진한 교수의 연구가 일제강점기를 비타협적으로 일관했던 민세의 민족주의적 사상과 행동의 두 가지 측면을 각각 분석한 것이었다면, 김인식 교수와 윤대식 교수의 연구는 해방이후 신생 대한민국의 민주적 국가경영과 관련한 정치적 선택과 프로그램에 대한 분석이다. 본인은 연구책임자로서 이들이 각각 해당주제 분야에 대한 심도 있는 이해에 일정한 기여를 할 것으로 기대한다. 그러나 연구내용의 적절성 여부와 학문적 기여도에 대한 평가는 이제 이 책을 접하게 될 강호제현의 몫이며, 연구자들은 민세에 대한 더 깊은 이해를 위한 독자 여러분들의 관심과 질정을 기다릴 것이다. 이 연구과제가 진행되는 동안, 한국학중앙연구원 연구행정과 권미오 과장과 직원 여러분들은 신속한 정보제공과 행정지원으로 연구가 원활하게 추진되는데 많은 도움을 주었다. 그리고 한국학대학원 박사과정의 노흥래 군은 부지런한 연락과 준비로 연구가 내실 있게 진행되도록 도와주었다. 뿐만 아니라 평택시와 사단법인 민세안재홍기념사업회는 각종 자료협조는 물론 경제적 지원을 해주었고, 평택의 한빛기남방송은 연구발표회를 무상으로 녹화하여 전국에 방송되도록 주선하여 민세사상의 대중화에 앞장서 주었음을 명기하는 바이다. 끝으로 출판사업을 통한 우리 사회의 '문화혁명'을 꿈꾸며 책을 만드는 일을 산고를 동반한 알낳기로 단언하고, 흔쾌한 마음으로 본 연구결과의 출판을 맡아준 도서출판 황금알의 대표이신 김영탁 시인의 진지한 문제의식과 결단에 감사드린다.

2005년 6월 15일

문형관 서재에서

연구책임자 정 윤 재

1

1930
년대 안재홍의 문화건설론 연구

1930년대 안재홍의 문화건설론 연구

정 윤 재 (한국학중앙연구원 한국학대학원 교수)

1. 머리말

1920년대 중반 즈음, 민세(民世) 안재홍(安在鴻, 1891-1965)은, 일제의 강압통치 속에서 이에 대응하는 지식인이나 지도자들의 행동유형을 대체로 "최좌익"(사회주의운동), "좌익"(비타협 민족운동), "우익"(자치론자 등을 포함한 타협적 민족운동), "최우익"(친일파), 등 4 가지로 구분하여 이해했다.[1] 이러한 구분은 현대적 의미의 좌우구분과는 매우 다른 것으로 이 때는 일본제국주의에 대한 저항여부가 좌우구분의 주요한 기준이어서 저항하고 투쟁하는 쪽을 "좌"로, 수긍하고 협조하는 쪽을 "우"로 간주했던 것이다. 그러나 민

1) 천관우, "해제『선집1』, 10쪽.

세는 "최우익"으로 표현된 이른 바 "친일자류"(親日者流)는 사상적으로 그 "본질이 매우 모호 또 번잡"할 뿐 아니라 "정치적 사행심(射倖心)의 노예(奴隷)"이거나 "회색분자(灰色分子)의 관망(觀望)"을 벗어나지 못하는 기회주의자들이기 때문에, 이들이 "과연 엄정(嚴正)한 일계파(一系派)"로 불리울 수 있을지 자못 의심스럽다고 지적하였다. 그래서 민세는 일제에 대한 명확(明確)한 태도표명(態度表明)과 관련하여 당시의 조선엘리트들을 비타협주의자, 사회주의자, 그리고 민족주의자들을 포함하는 "좌파민족주의"와 총독부와의 타협을 통하여 경제적 실리를 추구하거나 이른바 정치적 '자치'를 명분삼아 활동하던 명망가들을 포함하는 "우파민족주의"로 구분하는 것을 선호했던 것 같다.[2] 따라서 그가 생각한 "좌익"은 이른 바 사회주의자와 민족주의자가 다 포함되는 개념이었는데 이는 그가 "좌익각파"(左翼各派)라는 용어를 사용한 데서도 살필 수 있다. 다시 말해서 1920년대 중반 이후 민세에 있어서 "좌익"이란 용어는 비타협 반제국주의 협동전선에 참여하는 여러 가지 운동세력들을 통틀어 일컫는 포괄적인 개념이었다.[3] 그가 신간회(新幹會)의 총무간사(總務幹事)로서 이상재 등 민족진영 원로들 및 사회주의계열의 인사들과 함께 신간회의 창립과 활동에 핵심적(核心的) 역할

2) 안재홍, " 조선인의 정치적 분야", 「조선일보」, 1925년 1월 21일자 사설: 『선집』 993-96 참조.
3) 김인식, "안재홍의 신민족주의 사상과 운동", 중앙대학교 박사학위논문 (1997), 13-15쪽 참조.

을 했던 것도 그가 일본제국주의에 대한 비타협민족주의자로서의 지아인식과 결단(決斷)이 분명했기 때문에 가능(可能)했던 일이었다.

그런데 이러한 민세의 비타협민족주의노선은 오늘날 "문화적(文化的) 민족주의(民族主義)"(cultural nationalism)로 불리고 있는 이광수 등 동아일보계의 자치론자들의 생각과 행동과 확연히 구별된다.[4] "문화민족주의자들"은 일제의 문화정치가 제공한 기회들을 국권회복의 바탕을 마련할 수 있는 "호기"(好機)로 간주하고 일본의 식민당국과 협조하여 정치적 '자치'의 실천과 더불어 경제, 교육, 문화 각 방면에서의 '발전'을 추구하였다.[5] 그러나 민세 안재홍이 1930년대 동안 조선일보에 쓴 많은 논설과 기사들 속에도 민족문화운동과 민중계몽과 관련된 내용들이 많이 포함되어있으나, 그러한 "문화적 민족주의"의 성격과는 뚜렷이 구분되는 견해들이 적지않게 발견되고 있다. 특히 민세 자신이 수시로 감시와 호출을 당하고 투옥이 반복되는 가운데 민족문화와 역사 및 당시의 시사문제들에 관해 쓴 그의 여러 글들에는 이광수나 최린 등과 같은 지식인들의 그것과는 다른 민족적 위기의식과 사상적, 전략적 프로젝트들을 적잖이 포함하고 있다.

4) 민세는 이들을 "민족적 타협운동"으로 규정하고 이는 일본총독 당국의 "양해 혹은 종용"아래에서 비로소 있을 수 있었던 것으로 이해했다. 그리고 이들은 '대중이란 흔히 공리적 견지로서 움직이기 쉽다는 약점을 이용할 것'이라면서, 첫째, 철저한 해방으로 가는 일단계로서 타협운동을 내세울 것이며, 둘째, 각 지방에 철도, 항만건설, 교육시설보급 등과 같은 물질적 이익 증진을 미끼삼아 인민들을 끌어들이고자 할 것이며, 셋째, 지사, 과장, 군수, 면장 등에 조선인을 기용하면서 허영심과 명예욕을 이용하여 유능한 인사들을 동원할 것이라고 적나라하게 비판하고 경계하였다. 안재홍, 「조선 금후의 정치적 추세」 조선일보 1926.3.16~19 사설: 『선집1』, 190쪽.

5) 이에 대해서는 Michael Robinson 저, 김민환 역, 『일제하 문화민족주의』(서울: 나남출판, 1990), 242쪽 및 제6장을 참조. 이 책에서 분석된 "문화적 민족주의"는 물론 일제치하에서 등장했던 이광수나 최린같은 인물들이 주동이되었던 자치론자들의 논리와 행동들을 규정하는 분석개념으로 이는 물론 헤르더의 문화민족주의와는 전연 구별되는 것이다. 각주37 참조. 그러나 최근 1920년

대 동아일보의 사설 내용 분석을 통해 동아일보계 민족주의자들은 일제가 종용한 동화주의적 타협을 거부하고 인도식 '독립주의 자치론'에 따른 담론투쟁을 벌였음을 밝힘으로써, 동아일보계 지식인들 혹은 이른바 문화민족주의자들에 대한 일방적 매도를 경계하였다. 김용직, 「1920년대 일제 '문화통치기' 민족언론의 반패권 담론투쟁에 관한 소고」, 한국정신문화연구원 편, 『식민지근대화론의 이해와 비판』(백산서당, 2004), 171~194쪽 참조.
6) 이것은 민세가 3·1운동 이후 10년간의 체험과 정세변화, 그리고 특히 신간회의 좌절을 경험한 다음, "초신적 신진에는 분명하면서 실천의 생활에서는 오히려 저열한 구형태에 침체 및 정돈하고 있는 상태"를 탈피할 것을 절규하면서 내세운 "민중운동의 새 전술"에 해당하는 것이었다. "해제," 『선집1』, 15쪽.
7) "문화건설론"은 민세가 쓴 "문화건설 사의"(1934. 6)란 기명사설에서 착안하여 1930대에 걸쳐 그의 문화관련 견해들을 '"문화민족주의'와 구별, 총칭하여 필자가 만든한 용어이다.
8) "민공협동"은 신간회운동에서 보듯 민족진영이 이니셔티브를 쥐고 공산주의자들과 함께 민족통일전선을 형성하여 공

그래서 본 논문에서 필자는 1930년대에 걸쳐 민세가 발표했던 논설과 기사들을 검토하여 그가 주장하고 실천했던 "비타협적 민력양성운동"[6] 혹은 "문화건설론"[7]의 내용과 성격을 검토하고자 한다. 이를 위해 필자는 먼저 우선 신간회 좌절 이후 해방 직전까지 민세가 비타협민족주의자로서 행동했던 내용들을 일잠한 다음, 1930년대 식민지조선에 대한 그의 정치사적 상황인식을 정리할 것이다. 그리고 대표적인 "민공협동"(民共協同)[8]의 사례였던 신간회(新幹會)를 해소시켰던 공산주의자들의 '분파적' 국제공산주의운동 및 일제당국의 동화정책에 대한 그의 비판적 대응논리와 전략이 무엇이었는지를 살펴 볼 것이다.

2. "정치적 시련기" 속의 안재홍: 1930년부터 해방 직전까지

민세 안재홍은 이미 1919년 3·1독립만세운동 직후 청년외교단사건으로 1차 옥고를 치른 바 있는데, 1927년 2월 신간회의 창립이후 1931년 신간회가 공식으로 해체되기까지 약 3년여 동안 조선일보의 논설위원으로 있으면서도 일본

의 정책과 한민족의 현실에 대한 비판적인 사설을 씀으로써 두 차례의 옥고를 더 치렀다. 그리고 그는 1929년 1월 조선일보의 부사장에 취임한 이후에도 계속 사설을 집필하면서 특히 신간회가 점차 힘을 잃어가는 상황을 문제삼고 당시 조선사회의 엘리트와 대중들이 침체되고 정돈된 상태에서 벗어나지 못하고 있음을 비판적으로 지적하였다. 그는 이러한 침체상태에서 탈피하기 위해서는 "이미 금이 간 독립운동전선의 통일강화"가 필요함을 계속 강조하는 한편, 그 구체적인 방법으로 "비타협적 민력강화운동"에 대한 강한 집념을 보였다.[9] 그래서 그는 조선일보사의 부사장이 되면서부터 줄곧 생활개신운동, 문자보급운동, 충무공현창운동, 그리고 조선학운동 등을 주창하고 또 직접 간여하였는데,[10] 이것이 바로 그러한 비타협적 민력강화의 취지와 목적에서 시도된 프로젝트들이었다.

같은 해인 1929년 12월, 민세는 아직 해체되지 않은 신간회의 총무간사로서 광주학생운동에 대한 민중보고대회를 개최하려다 발각되어 다시금 네 번째의 옥고를 치렀다. 그리고 그가 옥중에 있는 동안인 1930년 1월부터 그의 "조선상고사관견(朝鮮上古史管見)"이 조선일보에 연재되기 시작했고 1931년 그는 옥중에서 조선일보 사장에 취임하였다. 그

동목표를 추구하는 좌우합작으로 민세 안재홍은 신간회에서의 경험을 살려 해방직후 조선건국준비위원회와 좌우합작운동에서 이같은 방식에 의한 통일임시정부의 수립을 꾀하였다. 정윤재, 『다사리공동체를 향하여: 민세 안재홍 평전』(백산서당, 2003), 101–108쪽 참조.
9) 천관우, "해제" 『선집 1』, 15쪽.
10) 박찬승, "1930년대 안재홍의 민세주의론" 정윤재 외, 『민족에서 세계로:민세 안재홍의 신민족주의론』(서울: 봉명, 2002), 386–87쪽.

는 1931년 4월 10일자 『조선일보』에 만주의 조선인 문제에 대한 사설을 집필하여 만주지역에 만주국을 세워 지배하려는 일본의 의도를 간파하고 만주의 조선동포들에 대한 정치적 지위문제를 제기하고 생활대책 및 교육방침을 세워줄 것을 요구하였다. 그리고 민세는 1931년 6월부터 당시 중국 뤼순(旅順)의 감옥에서 복역중이던 신채호(申采浩)의 조선사 관련 원고를 연재하도록 주선하였다. 그는 또 이 해 여름에 주변의 친구들과 민족의 영산인 백두산에 올라 천지를 바라보며 "이 몸이 울어 울어 우뢰같이 크게 울어 망천후 사자되어 온누리 놀래고저"하는 시조를 읊으며 불운하고 답답한 조국현실에 대해 울분을 토로하기도 했다.[11]

그러나 일제는 조선일보의 사설과 편집태도를 트집잡아 민세가 만주동포구호의연금을 유용했다는 혐의를 씌어 다시 검거하였고, 이에 민세는 곧장 조선일보 사장직을 사임할 수밖에 없었다. 이 사건으로 안재홍은 다섯 번째로 징역 8개월을 선고받았으나 1932년 11월 미결통산(未決通算)으로 출옥하였다. 이후 그는 나빠진 건강을 회복하기 위하여 등산을 다니거나 조용히 독서하며 요양하였다. 그리고 1934년부터는 정인보(鄭寅普)와 함께 정약용의 문집 『여유당전서』의 교열작업에 착수하였으며, 『조선일보』와 잡지 『신조선』에 다

11) 정윤재, 『다사리공동체를 향하여: 민세 안재홍 선생 평전』(한울, 2002), 64-65쪽 참조.

산을 소개하는 여러 글들을 발표하기도 함으로써 문화운동
차원의 비타협적 항일활동을 지속하였다.

한편, 민세는 1935년 5월부터 1936년초까지 조선일보의
객원논설위원으로 "민세필담-민중심화과정" "민세필담-
속" "문화건설 사의" "사회와 자연성" "기대되는 조선" "국
제연대성에서 본 문화특수과정론" 등과 같은 글들을 쓰면서
우리 민족의 문화적 전통을 진지하게 재검토하고 재발견함
으로써 일제하의 암흑 속에서도 민족의 활로를 찾고자 노력
하였다. 그리고 1936년 5월, 민세는 중국 난징(南京)에 있는
민족혁명당의 김두봉과 연락하여 청년독립운동가의 양성을
위해 국내에서 정필성 외 1명의 청년을 중국 항조우(杭州)의
군관학교 항공과에 밀파하려다 발각되어 종로경찰서에 구
속당했다. 이것이 소위 '군관학교학생사건'이었고 민세로서
는 여섯 번째 옥고였다. 그러나 민세는 복역 중 1937년에 보
석되어 고향인 평택의 두릉리에 칩거하면서 『조선상고사감』
을 집필하기 시작하였다. 이 책에서 민세는 '기자조선고'
'부여조선고' '부루신도' '불함문화론' '조선상대 지리문화
고' 등과 같은 글들을 씀으로써 조선의 역사와 철학 및 문화
에 대한 체계적인 서술을 시도하였다.[12]

그러나 당시 민세의 역사서술작업은 오늘날 흔히 보는 걱

12) 같은 책, 68-69쪽 참
조.

정거리 별로없는 '편안한' 학자들의 그것과는 다른 것이었다. 그것은 가족의 불행과 일본경찰의 계속되는 감시, 그리고 편집검열과 구속이라는 역경 속에서 진행되는 '고난의 행군'이었다. 보석(保釋)으로 고향에 머물 때인 1938년 4월 민세는 경제적으로 곤핍함 속에서 그를 뒷바라지하던 부인 이정순과 사별하였다. 그리고 장남 정용의 결혼식을 며칠 앞둔 1938년 5월, 민세는 흥업구락부사건(興業俱樂部事件)에 연루되어 장택상, 유억겸, 최두선, 변영로 등과 함께 또다시 구속되었다가 3개월 만에 풀려나왔는데 이것이 일곱 번째 옥고였다. 그래서 민세는 장남의 결혼식에도 참석하지 못하는 불행을 겪었는데, 그러나 그는 앞서의 군관학교사건에 대한 대법원 상고심이 확정되어 징역 2년을 선고받아 또다시 서대문형무소 독방에서 여덟 번째로 복역할 수밖에 없었다.[13] 민세는 감옥에 있으면서도 주야겸행으로 민족사 관련 원고집필을 쉬지 않고 계속했고, 형을 마치고 난 다음, 1940년부터 고향 두릉리에 와서 지내면서도 줄곧 『조선상고사감』의 집필에 몰두했다. 결국 그는 1941년에 『조선상고사감』을 마무리했고 곧이어 고향에서 계속 지내면서 『조선통사』의 집필을 시작했는데, 이는 그가 만주사변이 터진 이후 "정치로써 투쟁함은 거의 절망의 일이요, 국사를 연찬하여

13) 같은 책, 70쪽 참조.

써 민족정기를 불후에 남겨놓음이 지고한 사명임"[14]을 자임(自任)했던 자신의 뜻을 그대로 실천하는 것이었다.

이후 민세는 조선어학회(朝鮮語學會)가 주관했던 국어사전 편찬사업에 수정위원회의 한 위원으로 참여하였는데, 이 사실이 일본경찰에 의해 발각되어 1942년 12월 그는 다시 체포되어 함경남도 홍원경찰서에 수감되었다. 이것이 그의 마지막이자 아홉 번째의 옥고였다. 이 때 일경은 민세의 발목에 기둥나무같이 커다란 족쇄를 채우고 영하 20도의 추운 감방에 가두었는데 이것으로 민세는 대장에 냉상을 입어 후일까지 늘 속이 안좋아 고생했으며 코끝에 동상이 걸려 빨갛게 변하기도 했다. 이 뿐 아니라 그는 심한 정신적 고문까지 당했지만 그는 당당하고 의연하게 대처하여 주변으로부터 존경을 받았다. 당시 일경은 조선어학회의 이극로 간사장도 체포하였는데, 잔인하게도 민세로 하여금 그를 심문하게 하면서 제대로 대답하지 않으면 그의 뺨을 때리라고 강요했다. 뺨을 치자니 아무리 강요된 상황이라도 친구 간에 그럴 수는 없는 노릇이요, 안 때리자니 자신이 고문을 받아야 할 것이라 진퇴유곡이었다. 그러나 민세는 정색을 하며 "나는 죽으면 죽었지 저 친구의 뺨을 칠 수가 없소"하고 의연한 태도로 일경의 요구를 거절했던 것이다.[15] 1943년 3월 민세는 불기

14) 같은 책, 71쪽.
15) 이희승, 「민세선생을 추모함」『선집3』, 441쪽.

소처분으로 풀려나와 하향했지만, 감방에 갇혀 있는 동안 비참한 조국현실과 자신의 무력함에 절망하여 차라리 한많은 고국을 떠나버리고 싶었다고 솔직하게 고백하기도 했다.[16]

1944년 봄, 민세는 몽양 여운형을 그의 고향집으로 찾았다. 거기서 민세는 몽양으로부터 독립을 준비하기 위해 지하운동을 함께 하자는 요청을 받았지만 그 필요성을 느끼지 못해 거절하였다. 그가 1944년말쯤에 대종교(大倧敎)의 경전 중 하나인 『삼일신고』을 해설한 『삼일신고주』를 탈고한 것을 보면, 이 때 민세는 정치활동보다 역사 및 철학연구에 더 많은 시간을 투자하고 싶어했던 것 같다.[17] 그리고 제2차대전이 끝나가는 동안 일제는 민세와 같은 협력거부 민족지도자들을 회유하며 대화숙(大和塾)이나 도청에서의 강연을 요구받았지만, 일부러 수염을 기르고 다니면서 나이가 들어 건강이 안좋다고 핑계대며 거절하였다. 몽양과 함께 총독부의 요인들과 만나 전후의 사태수습과 유혈방지대책을 협의하기도 하였지만, 그는 기회있을 때마다 일본의 패망(敗亡)이 멀지 않았음을 강조하면서 전후 치안유지에 협력하는 조건으로 "민족자주(民族自主), 호양협력(互讓協力), 마찰방지(摩擦防止)"의 3원칙을 제시하며 몽양 및 자신에게 "일정한 언론과 행동의 자유"을 허용할 것을 제의하는 등 당당하게

16) 정윤재, 앞의 책, 71-72쪽 참조.
17) 같은 책, 77쪽 참조.

협상에 임하였다. 그리고 1945년 5월 하순에 총독부측은 다시 사태수습에 협력해 줄 것을 요청하였으나, 차후에 일본의 공작에 말려들지 않기 위해 "민족대회소집"이 필요함을 언급하면서 냉담하게 대응했다. 그래서 민세는 전쟁이 끝나 일본이 항복할 때까지 일본에 의해 계속해서 감시를 받았을 뿐 아니라 암살위협까지 받아 좀체로 서울의 집에 들어가지도 못하고 또 고향에도 내려가지도 못한 채 서울에서 숙소를 여기저기로 옮겨다녀야 했다.[18]

1930년대 초부터 해방이전의 식민지시대를 이렇게 감시와 투옥이 계속되는 고난 속에서 지냈던 민세는 1935년과 1936년 사이 조선일보의 객원으로서 민족정체성 유지를 위한 문화운동론의 필요성을 강조하는 사설과 시평을 자주 썼고 이후로는 주로 고향에 칩거하면서 역사와 철학관련 저술에 집중하였다. 그래서 다음 절에서부터는 그가 객원으로 썼던 글들을 중점 분석하면서 그가 1930년대 식민지조선의 정치적 상황을 어떻게 인식했고, 동시에 한민족의 총체적인 정치사를 어떻게 평가했는지를 검토할 것이다. 그리고 신간회 해체 전후부터 줄곧 제기되었던 공산주의계열의 "몰민족적"(沒民族的) 국제공산주의 노선과 소위 "황민화"(皇民化)를 앞세웠던 일제의 강압적 동화정책에 직면하여, 그가 각각 어

18) 같은 책, 81-82쪽 참조.

떠한 논리와 대책으로 대응했는지를 살펴보아야 할 것이다.

3. 1930년대 식민지조선 인식과 민족사 비판: 정치적 평가

민세는 그가 정열을 기울어 활동하던 신간회가 공산주의자들의 책동으로 해산되면서 매우 커다란 심적 고통을 받았다. 당시는 일제의 강압적 식민통치가 문화정치(文化政治)로 그 얼굴만 바꾸어 집요하게 기획되고 추진되면서 한민족 소멸의 목표로 간단없이 내닫고 있는 절망적인 상황이었다. 그러나 민세는 스스로 한 사람의 언론인으로 계속해서 논설을 집필하며 현안들에 대한 자신의 주견을 발표하였다. 그 자신이 공식적으로 논설위원이나 책임있는 부사장 혹은 사장직에 있지 아니하였기 때문에 아무런 말이나 행동을 하지 아니하여도 큰 흠이 되지 않을 처지이었는데도, 스스로 "객원"(客員)으로 나서 『조선일보』에 기명논설을 쓴 것이다. 이는 자신의 "산문기자(新聞記者)나 혹은 논객(論客)의 생애(生涯)"도 다 끝난 처지였지만 점점 다가오는 일제의 "동아대침략(東亞大侵略)"을 심각하게 고민했던 민세의 상황인식과 사명감에서 비롯된 '투쟁'이었으며,[19] 그것은 그대로 그 자신이 권하고 추진했던 "비타협적 민력양성운동"이기도 했다. 그래서 이 절에서는 1930년대 당시의 식민지조선에 대한 민세의 상황인식과 한민족사 전반에 대한 정치적인 평가가 어떠했는가를 살펴보기로 하겠다.

먼저 민세는 1931년 9월에 쓴 한 사설에서 당시 조선사회에는 "민중적(民衆的) 또는 민족적(民族的) 대다수의 선택된 의사(意思)를 집중 수립(樹立) 및 구현할 조직체(組織體)"[20]가 존재하지 않음을 비통하게 생각했다. 그는 "정치적 실제사(實際事)는 관념적인 시경(詩經)과 달라서, 최고의 이상경(理想境)이나 최후적인 목표(目標)를 저 건너에 보면서 항상 일상적(日常的)인 실천이해(實踐利害)에서 그 당면적 경중(輕重)과 완급(緩急)을 저울질하면서 통제적인 정책(政策)의 구현(具現)을 파악하고 나아가야 하는 것"[21]이라 생각하였다. 그러나 1930년대의 식민지조선에는 그러한 실천적 기능과 책임을 맡아 민중을 이끌어갈 주체세력이 없었다. 다만 동아일보계열의 인사들이 자치를 통한 민족개조를 내세우며 총독부당국과 긴밀한 친선, 협조관계를 유지했고, 공산주의자들에게는 이념중심의 국제주의적 연대투쟁이 가장 효과있는 항일운동인 것처럼 여겨졌다. 이것을 지켜보고 있던

19) 안재홍, "민세필담―민중심화과정" 『선집1』, 470–471쪽 참조.
20) 안재홍, "조선인과 의사통제 문제" 1931년 9월 2일자 사설, 『선집1』, 429쪽.
21) 같은 글, 『선집1』, 430쪽.

민세는 당시의 조선사회가 직면한 어려움을 "3난"(三難)이라 하여 다음 세 가지로 지적하였다.

첫째, 자신의 이해를 돌보지 않고 희생돌진(犧牲突進)하는 것이 존경받을 만한 것이긴 하나, 무계획적(無計劃的)이고 비과학적(非科學的)이며 비구체적(非具體的)인 "반사적(反射的) 급진(急進)"의 존재는 전체적 국면에 중대한 장애가 된다. 둘째, 조선의 지식인들이 갖가지 곡절과 수난을 감수해서라도 "시국광구(時局匡救)"의 사명을 다하기 위해 과감하게 나서지 아니하고 몸을 사리어 "안전한 땅에만 골라 다니려"하는 보신주의적(保身主義的) 처신(處身)을 하고 있다. 즉, 민중을 수난에서 구하고자 떨쳐 일어서는 "존귀한 지도자"가 부재하다. 셋째, 조선인이 근대 이래로 격심한 국제경쟁에서 일단 실패하여 식민지로 전락되기는 했지만, 그래도 이제 "그 문화적(文化的) 정치적(政治的) 부흥(復興)의 도정(道程)"을 밟아 나아가고자 하나 일본 총독부(總督府) 관리들이 이를 허용하지 않고 목전의 이해관계에 좌우되는 중우적(衆愚的)인 여론만을 따라 통치하고 있어 조선의 미래를 담보(擔保)할 "정치(政治)의 신기축(新基軸)"이 만들어질 가능성과 기회가 없다.[22]

다음으로 민세는 일제의 한민족말살을 의도한 동화정책으

22) 같은 글, 『선집1』,
430~431쪽 참조.

로 초래된 민족정체성(民族正體性)의 위기로 그야말로 "역사적 난국(難局)"을 당한 지경에서 한민족 구성원 각자는 각별히 "냉정(冷靜)하고 또 치열(熱烈)함"으로 대처해야 한다고 전제한 다음, 일제의 강압통치에 처한 조선민족에게는 정치적, 사회적 투쟁보다도 우선 당장(當場)은 "문화(文化)에로의 정력집중(精力集中)"[23]이 절실하게 필요하다고 주장하였다. 그는 일제의 강압정치 속에서 당시의 침체된 조선사회를 일컬어 "정돈(停頓)하였으되 생장(生長)하는 [조선사회] – 아니 생장(生長)하는 정돈(停頓)"이라고 표현함으로써 비록 당장은 낙오되고 후진된 상태에 있지마는 조선민족은 "우량(優良)한 문화민족(文化民族)"으로서의 가능성과 능력을 보지하고 있다고 생각하였다.[24] 즉 민세는 일제 강압통치 속에서 식민지조선이 비록 낙후되고 정체되었다 할지라도 반만년 이어져온 민족문화가 계속 생장하여 자라게 함으로써 장래의 희망을 기약하는 것이 당연한 일라고 확신했던 것이다.

그러나 그렇다고 해서 민세가 우리의 역사와 현실을 맹목적(盲目的)으로 긍정(肯定)하거나 옹호(擁護)했던 것은 아니다. 비록 한민족이 식민지상황에 처해 있다 하더라도 한민족의 정치사적 경험과 당시 한민족이 감당해야만 했던 현실

23) 안재홍, 「민세필담–민중심화과정」『선집1』, 477쪽.
24) 같은 글, 『선집1』, 479쪽.

적인 처지에 대해 그는 다음과 같이 냉정(冷情)하게 평가하고 비판하였다. 즉, 한민족이 역사적으로 "허구(許久)한 세월 선진적(先進的)인 문화민족(文化民族)의 기록(記錄)"을 지녀, "현대 동방문화(東方文化)의 연수(淵藪)처럼 되어있는 지나문화(支那文化)"의 형성과 발전에 조선인들이 공동으로 참여하고 기여했으며, "일본문화(日本文化)의 근간부(根幹部)에 있어서 그 조선적(朝鮮的) 기본요소(基本要素)가 선명(鮮明)"하게 배어있다. 그러나 한반도를 둘러싸고 전개된 "급격(急激)한 국제풍진(國際風塵)"에 조선은 비통하게도 "체사적(替死的) 방호자(防護者)의 구실"밖에 하지 못하여 오늘날 "목하에 도리어 후진낙오자의 침윤(浸潤)한 경지에서 신음(呻吟)하고"있다고 보았다.[25] 한민족이 고려시대에 몽고인들의 침략에 수백만이 생명을 버리면서 60여년을 저항하여 버티어낸 것은 "세계사상(世界史上)에 있어 둘을 찾기 어려운 조선인 특유(特有)의 강용(强勇)한 본질(本質)"을 증명한 사례다. 그 외에 흉노, 연, 한, 위, 선비, 수, 당, 요, 금, 왜구의 침략으로 시련을 당하기도 했지만, 그럼에도 불구하고 한민족만은 그대로 남아있는 한편, 한민족을 침략했던 민족들은 지금 다 사라지고 그 존재가 흔적조차 안보이는 것은 특기할 만한 사실이다. 다만 한민족은 고대 이래 중국

25) 같은글, 『선집1』, 482쪽.

송화강, 백두산, 요하를 포괄하는 광대한 지역에 정치적, 지리적 불리함 때문에 통일민족국가(統一民族國家)를 건설하지 못했고, 조선시대에는 그 영토적 권역을 한반도라는 조그마한 "소천지(小天地)에 국척(跼蹐)하여 스스로 진취(進取)의 길을" 막았던 역사적 사실들을 비판적으로 평가했다.[26]

요컨대, 민세는 어느 외국인의 말을 인용하면서 "조선인은 실로 청명(聰明)하고 강유(剛柔)를 겸한 인민(人民)이어서 만일 정치(政治)가 그 마땅함을 얻으면 장래 반드시 유위발전(有爲發展)의 날이 있을 것"이지만, 1930년대 중반 현하 조선의 형편은 반대로 정치가 마땅하지 못하기 때문에 오늘날 "하치않은 인민(人民)"으로 전락해 있다고 인식했다.[27] 그리고 조선의 과거사에 있어서 그가 생각했던 마땅치 못했던 정치란, 첫째, 고대에 있어서 고구려가 한족(漢族)과의 대립에서 패배하여 "민족 대통일의 운동(運動)과 거대(巨大)한 의도(意圖)"가 좌절되었던 것이고, 둘째, 국제적 접촉과 교류가 빈번하였던 신라 및 고려시대와 달리 조선왕조의 "쇄국고립(鎖國孤立)과 존명자안(尊明自安)의 정책(政策)"으로 국제적 경쟁력이 약화되고 백전항쟁(百戰抗爭)의 기백(氣魄)이 소실(消失)된 것이다. 그래서 민세는 고려시대 인종 당시

26) 같은글, 『선집』, 485쪽.
27) 같은글, 『선집』, 484, 501쪽.

묘청, 정지상 등 서경천도(西京遷都)와 칭제건원(稱帝建元)으로 영속자주할 것을 도모했던 "독립자존파(獨立自尊派)"와 신라 통일기 이후 "존화자굴(尊華自屈)"의 정책을 내세웠던 김부식 등의 "한화파(漢化派)"사이의 역사적인 일대 충돌이 불행하게도 후자의 정치적 승리로 결말지어진 것이야말로 조선역사 "일천년래(一千年來)의 최대사건(最大事件)"이었다고 규정했던 단재 신채호를 각별하게 다시 언급했던 것이다.[28]

4. 국제공산주의운동 비판과 "국제적 민족주의"

1930년대에 들면서 일제의 동화정책과 공산주의자들의 국제주의운동에 직면했던 안재홍은, 무엇보다도 "세계문제(世界問題)의 일반은 민족문제(民族問題)의 형태"로 전개되고 있다고 먼저 지적함으로써 어떠한 경우든 민족차원의 문제제기와 문제해결노력이 필요함을 강조했다. 그래서 가까이는 만주(滿洲)에서 수난을 당하고 있는 조선동포의 어려움에 제대로 대처하지 못하고 있는 조선인은 "민족애(民族愛)"의 차원에서 심각한 반성의 필요가 있으며 잠자고 있는 "전

28) 같은글, 『선집1』, 486–491쪽 참조.

조선적(前朝鮮的)민족애"를 일깨워 민족의 불행을 떨쳐나
아가야 한다고 주장하였다.[29] 또 이른 바 "민족적(民族的)인
것"이 역사적으로는 이미 때늦은 19세기적 유물이라 할지라
도 그것은 식민지조선의 현실에서 "아직 그 선양(宣揚) 및
순화(純化)를 요하는 당면(當面) 중요한 현안(懸案)인 것을
맹성(猛省)"해야 한다고 주장했다.[30] 그러면서도 민세는 "세
계인류는 다 동포"이며, "인류애의 고조(高調)는 현대문명의
한 큰 추진의 방향(方向)이어야 한다"고 생각했다. 즉, 세계
인류를 사랑한다는 것이 그 "관념에서는 좋되 실제에서는
너무 추상적"인 감이 있는 것이 사실이지만, "각 민족 각 국
민이 세계적인 또 인류적(人類的)인 처지에서 공존(共存)과
호애(互愛)를 목표(目標)로 하는 데에 현대인의 진면목(眞面
目)이 있는 것"임을 상기시켰다. 따라서 "존귀한 역사적 생
산물(生産物)"인 민족애의 처지에 굳건히 서면서도 "국제주
의적(國際主義的) 인류애의 대도로 나아감"이 현대인이 취
할 바라고 정리하였다.[31] 더군다나 어느 한 민족이 쇠망(衰
亡)하거나 낙후(落後)된 처지에 있을 때 이를 극복하고 생존
하기 위한 "투쟁적(鬪爭的)인 역량"을 가지려면 반드시 동류
의식(同類意識), 연대의식(連帶意識), 그리고 정열(情熱)에
의해 그 구성원들의 의식이 심화되거나 단일화되는 "민족주

29) 안재홍, "병화 만난
재만동포," 『선집1』, 440,
445쪽 참조.
30) 안재홍, "국제연대성
에서 본 문화특수과정론,"
『선집1』, 565~566쪽.
31) 안재홍, "허구한 동
무―민족애는 존귀," 『선
집1』, 446쪽 참조.

의적(民族主義的) 세련과정(洗練過程)"을 치러야 한다고 강조하였다. 그리고 만약 이러한 점을 고려하지 않고 공산주의자들처럼 관념적(觀念的)이고 "공식론적(公式論的)인 국제주의(國際主義)"로 민족의 처지와 민족문화를 고려하지 않거나 혹은 무시하는 국제적 연대운동을 추진하는 사람들이 있다면 이들은 반드시 민족에게 "심상치않은 불행(不幸)"을 자초할 것이라고 비판했다.[32]

또한 민세는 1935년 6월에 쓴 "세계로부터 조선에"라는 제목의 논설에서 서양에서는 영국 문호 H.G. 웰즈가 그의 소설 『미래의 형상』에서 말했던 이른 바 "세계일가(世界一家)의 이상(理想)"이 오래전부터 일상화되어 있었고, 또 오늘날 "목하(目下) 비약(飛躍)하는 인류문화(人類文化)는 싫거나 좋거나 세계일가(世界一家)의 시대(時代)를 향하여 달음질치는 것"이라 인식하였다. 그리고 조선민족과 같이 "국민적으로 역경(逆境)에 빠진 민족"으로서는 그러한 역경으로부터의 해방을 위해 하루바삐 세계가 하나로 통일되는 시기가 도래하기를 갈망할 수도 있겠지만, 첫째, 객관적인 정세로 보아 세계일가의 시대가 그리 쉽게 우리의 "입에 맞는 떡"으로 등장할지는 알 수 없는 일이요, 둘째, 아무리 불리한 처지의 후진민족이라 할지라도 자기의 의식적인 각고의

32) 안재홍, "국민주의와 민족주의-간과치 못할 현하경향" 『선집1』, 462쪽.

노력없이 그저 세계일가의 시기만 오기를 기다리는 것은 "일종의 거지심리"에 다름 아니어서 세계일가사상에 민족의 미래를 기대는 것은 결코 바람직스럽지 않다고 평가하였다. 그는 궁극적으로 일원화의 방향으로 전개되는 국제정세속에서 각 민족은 그러한 세계적(世界的) 맥락과 상호작용(相互作用)하면서 자주적(自主的)이고 독창적(獨創的)으로 발전하는 것이기 때문에 각종 모순과 문제점들은 이론적(理論的) 논쟁차원에서가 아니라 줏대있는 실천과정(實踐過程)에서 극복되어 궁극적으로 건강한 일도성(一度性)이 역사적으로 성취되는 것이라고 주장하였다.[33]

이같은 맥락에서 민세는 민족적으로 최악의 처지에 있는 당시의 조선에서 "현실을 정관(正觀)치 못하는 관념적(觀念的) 경향"을 벗어나지 못하고 있던 공산주의자들에 대해, 현실성없는 막스주의적 세계통일론과 그에 따른 국제주의 정치운동보다도 "세계(世界)로부터 조선(朝鮮)에 재귀(再歸)하는 문화적(文化的) 작업(作業)"이야말로 민족이 처한 정치적, 국가적 모순을 극복하는 현명한 방도(方途)라고 주장하였다. 그리하여 그는 과거 조선시대에 관념적인 친명(親明) 사대주의론에 사로잡혀 조국과 민생을 수호하지 못하고 국가적 대계를 그릇쳤음을 다시 언급하면서 공산주의자들이

33) 안재홍, "민세필담 속" 『선집1』, 508~509쪽 참조.

"역사과정(歷史過程)이 최악(最惡)한 경우에는 다만 문화운동(文化運動)인 개량적(改良的) 공작(工作)에도 스스로 도피(逃避)하지 않는 것이 진지 혈성인(血性人)의 책무(責務)"[34] 임을 적극 환기시켰다.

그리고 민세는 공산진영이 민족의 처지와 민족문화를 무시하고 부인하는 경향을 보인 것에 대해 조선일보에 기고한 기명논설들을 통해 그러한 주의주장들이 논리적으로나 전략적으로 잘못된 것임을 일일이 지적하였다. 당시 국제공산주의운동과 깊숙이 연관을 맺으며 활동하던 국내 공산주의자들은 스스로 당대조선에서 가장 "급진적(急進的)인 선구자(先驅者)로 자임(自任)"하면서 "조선적(朝鮮的)" 혹은 "민족적(民族的)" 전통(傳統)의 중요성을 강조했던 민족운동세력들을 "소부르적 배타주의(排他主義)" 혹은 "반동적(反動的) 보수주의(保守主義)" 또는 "감상적(感傷的) 복고주의(復古主義)" 등으로 매도하며 비난하였다. 그러나 이에 대해 민세는 그같은 단정적인 비난을 정면으로 부인(否認)하였다. 즉, 민세는 아직 후진(後進)에 처해있는 국민이나 민족의 경우, 민족주의적(民族主義的) 이니셔티브가 얼마든지 진보개혁적(進步改革的)이고 세계적인 차원에서도 충분한 의의(意義)를 지닐 수 있다고 주장하였다. 예컨대, 구한말의 갑신정

34) 같은글, 『선집1』, 510쪽.

변(甲申政變)이 미약했고 성공적이지 못하여서 비록 여러가지 면으로 평가되고는 있지만, 그것은 "청국(淸國)의 봉건적(封建的) 제국주의(帝國主義)에 반항하여 조선적(朝鮮的)인 무엇을 의도하는 진보적(進步的)인 것인 한편으로 세계적(世界的)인 진취(進就)를 추구"했던 의미있는 시도였으며, 또한 그것은 메이지유신(明治維新) 당시 일본국민들이 스스로의 자각을 통해 "개국진취(開國進就)"라는 세계에의 개방을 열렬하게 추구했던 것을 "표본(標本)삼아 추진되었던 거사(擧事)"였다고 평가했다. 다만 그러한 민족적 차원의 시도들이 국제사회에 의미있는 적지않은 파동(波動)을 일으킬 경우가 있고, 오로지 특수한 민족적 처지에서 "다만 진정한 재각성(再覺性)의 단계로만 되어 다음날의 세련(洗練)된 생활집단으로서의 일정한 문화적(文化的) 탄력(彈力)을 함축(含蓄)하는 데에 그치는" 경우가 있을 뿐인 바,[35] 민세는 식민지조선에서의 민족문화적 운동들은 바로 후자와 같은 사례에 해당할 것으로 간주하고 그 현실적 필요성과 장기적 효과를 강조하여 변론하였던 것이다.

요컨대, 민세는 20세기 현단계 인류문화의 특징을, 첫째, 각 민족이 "세계적(世界的) 대동(大同)의 방향"으로 나아가는 것, 둘째, 각 민족이 이러한 세계차원의 국제주의적 경향

35) 안재홍, "미래를 지나 금일에" 『선집1』, 511–512쪽 참조.

36) 같은글, 『선집1』, 512쪽.
37) 이러한 민세의 생각은 헤르더(J.G. Herder, 1744-1803)의 문화민족주의와 맥을 같이하는 것이다. 헤르더는민족을 특정지역에 자리잡은 구체적인 존재인 동시에 언어, 예술, 관습 등을 포함하는 형이상학전 문화의 범주에서 이해되는 대상으로 간주하였으며, 자신만의 고유한 문화를 보유한 각 민족만이 전 인류의 조화로운 발전에 공헌한다는 명제를 근간으로 민족주의와 국제주의의 조화 혹은 양립가능성을 인정하였다. 그리고 헤르더의 문화민족주의는 민족주의에 있어서 문화적 요소를 부각시켜 민족주의의 정치적 측면을 새로운 차원으로 전환시켰고, 문화가 단순히 비정치적 차원의 문제가 아니라 정치적 조직원리의 유기적 구성부분임을 입증하였다. 헤르더의 문화민족주의에 대해서는 박의경, "헤르더(Herder)의 문화민족주의-열린 민족주의를 위한 시론" 『한국정치학회보』(1995), 제29집 1호, 331-352쪽 참조.

하에 있으면서 "오히려 각각 각자의 민족문화(民族文化)로서 순화(純化), 심화(深化)하려는 의욕(意慾)"에서 최선의 노력을 다하고 있는 것, 등 두 가지로 판단했다. 그리고 이러한 시기에 있어 각 국민들이 취해야 할 "가장 온건타당(穩健妥當)한 태도"는 "민족(民族)으로 세계(世界)에, 세계(世界)로 민족(民族)에 교호(交互)되고 조합(調合)되는 민족적 국제주의(民族的 國際主義) - 국제적 민족주의(國際的 民族主義)"[36]의 원칙에 따르는 것이라고 주장하였다. 즉, 그는 어느 국민이나 국가든 국제사회의 떳떳한 주체로서 서로 왕래교통하며 주고 받고, 다투고 배우는 것으로, 이러한 과정이 연속되는 속에서 각각의 향상과 발전이 있고 획득(獲得)과 생장(生長)이 있는 법이므로, 설령 인류의 문화가 급속하게 진전되어 머지않은 장래에 "국가와 민족의 계선(界線)을 철폐(撤廢)하는 시기"가 온다 할지라도 "금일(今日)에 오인(吾人)은 우선 세계(世界)의 일민족(一民族)으로서의 문화적(文化的) 순화향상(純化向上)의 길을 강맹(强猛)하게 걸어 가고 있어야" 한다고 생각했다.[37] 그래서 민세는 세계의 모든 독자적인 민족들이 하나의 가족처럼 교류하고 통합되어야 한다는 당위(當爲)를 생각하면서도 그러한 "세계[적 당위차원의]로부터 조선[현실]에"로 귀래(歸來)하여 그러한 당위 때문이라도 당장 식민지상태에 있는 조선의 불행을 극복하도록 노력하는 것이 우선 필요하다고 생각했다. 또 미래에 모든 인류의 공통(共通)된 비젼이 있다 할지라도 그러한 "미래[의 비젼]를 지나 [조선의] 현금에"서 조선의 한계적(限界的) 상황을 진지하게 재인식하는 지혜로움이 필요함을 강조하였다. 다시 말해서, 민세는 시간과 공간차원에서 미래의 지구사회에서 기대되는 "세계적 대동(世界的 大同)"에의 인류공통의 희망을 인정한다 하더라도 그러한 비젼은 각 민족들이 정상적으로 상호 왕래교통하는 가운데 자주적인 문화적 성숙(成熟)을 바탕으로 구체화되어야 한다는 논지에서, 민족주의든 국제주의든 두 차원 사이의 상호작용의 주체인 각 민족들의 줏대있는 인식과 선택에 기초해서 대내외적 처방을 강구하는 "국제적 민족주의" 혹은 "민족적 국제주의"가 당대 식민지조선이 택할 수 있는 가장 합리적인 선택이라고 생각했던 것이다.[38]

　민세는 또 이제까지의 인류역사가 우리에게 보여준 것을 바탕으로 생각할 때, 단위민족의 발전과정에 대한 과학적인 명제는, 각 민족은 일정한 "정치문화적(政治文化的) 공작(工作)"을 겪으면서 자유로운 혹은 "자동적(自動的)인 국제화과정(國際化過程)"을 성취한다는 견해를 피력했다.[39] 그래서

38) 안재홍, 「미래를 지나 금일에」『선집1』, 512쪽.
39) 안재홍, 「국제연대성에서 본 문화특수과정론」『선집1』, 559쪽.

문화의 국제화 혹은 다원적인 발전은 단기적이고도 인위적인 어떤 종류의 강압적(强壓的) 혹은 관념적(觀念的) 조치들보다도 민족마다 각기다른 구체적(具體的)인 모멘트, 즉 발전단계에서 목전의 시공간적(時空間的) 현실(現實)에 적절히 들어맞는 방식이 적용되고 응용되면서 성취되는 것이라고 주장했다. 예컨대, 같은 불교라 할지라도 스리랑카의 불교와 버마의 그것이 다르며, 서역과 몽고의 불교는 또 중국의 그것과 다르며, 일본의 불교는 또 조선과 중국의 그것과 다르다. 그리고 기독교 역시 마찬가지다. 같은 기독교라 할지라도 북구라파의 기독교는 다분히 철학적이되 남유럽지역의 기독교는 우상숭배적 성격이 강하다. 그 뿐 아니라, 유럽의 "브르적 데모크라시"도 그 실용적 양태와 방식이 서로 다르다. 영국의 팔러멘트(Parliament)와 미국의 콩그레스(Congress)가 그 조직운용면에서 동일하지 않으며, 독일의 라이히스타크(Reichstag)나 프랑스의 샹브르 데 데뿌떼(Chambre des Deputes) 역시 영국이나 미국의 그것과 다르다. 또 스위스의 연방의회인 분데스페르잠룽(Bundesversammlung)은 스페인의 연방의회인 코르테스(Cortes)와 다르다. 소련의 두마(Duma)는 과거 제정러시아의 그것을 새로이 개편한 것이다. 이렇게 각국의 의회제도도

각 민족이나 국가의 문화적 배경과 정치사적 경험에 따라 제 각각 다른 것이다.[40]

인류의 역사발전과정을 볼 때 지구상의 여러나라들이 동일한 문화적 배종과 동일한 사회적 단계를 거쳐 사회경제적 발전의 일정한 단계에 이르면 어김없이 일정유형의 사회문화적 단계를 나타내는 것이니, 이것이 인류문화의 보편적 모습이고, 역사발달의 국제성이다. 그러나 나라마다 그 속도가 빠르거나 완만하며, 그 적용방법에 있어서 어떤 나라는 노련하나 다른 나라는 서툴고 조솔(粗率)하다. 이것은 각 나라마다 "그 풍토 인정 역사전통"이 결코 기계적으로 균일할 수 없음에서 기인하는 것이다. 다시 말해서, "국제성(國際性)은 천하일률(天下一律)이 아니요 특수성(特殊性)은 고립유아(孤立唯我)가 아닌 것이니" 현대문명이 비약적으로 발전하여 국경이 해소(解消)되고 세계가 축소(縮小)되어 장차 세계는 단일평준(單一平準)의 지구사회로 전환된다 할지라도, 문제는 그러한 비전의 추상적인 내용에 있지 아니하고 "상대적 실천과정에서의 시간(時間)과 방법(方法), 그 상호관계(相互關係)의 적응 여하(適應如何)"에 있는 것이다. 따라서 "현실정치적(現實政治的)인 과제로서의" 민족문화차원의 제운동과 노력들은 "이 땅에 있어 – 아직 그 선양(宣揚) 및 순화(純

40) 안재홍, "국제연대성에서 본 문화특수과정론" 『선집1』, 564-564쪽 참조.

化)를 요하는 당면 중요한 현안(懸案)인 것"을 깊이 성찰(省察)하고 명심(銘心)하여야 한다.[41] 그리고 "무릇 정치문화적 생존노력"은 일순간의 연극이나 한 차례의 우연한 교전으로 끝날 수 없는 중대한 사업일진대, 이러한 작업은 식민지조선의 "전면(全面)과 전선(全線)에서, 때와 계제(階梯)에 따라 백도공진적(百道共進的)"으로 한결같이 추진되어야 하는 시대적 과제다. 이는 조선민중이 "각 길로서 한곳에"[42]라는 말의 뜻에 따라 조선인 각자는 각각의 위치에서 할 수 있는 대로 힘써 나름대로 정치문화적 공작을 실천하여 험난하고 아득해보이는 정치적 자주독립의 목표를 하나씩 이루어 가야 하는 것임을 표현한 것이다.[43]

5. 일제의 강압적 동화정책에의 비판적 대응

이상에서 살펴본 바와 같이, 민세는 과거와 당시의 조선역사를 줏대있고 책임감있는 정치리더십의 빈곤이란 측면에서 비판적으로 검토하고, 주권을 상실한 채 일제의 강압정치로 시달리고 있는 식민지조선에서의 민족문화운동의 필요성과 정당성을 일관되게 변론하였다. 즉, 어느 국민이나 민

41) 안재홍, 「국제연대성에서 본 문화특수과정론」 『선집1』, 565-566쪽 참조.
42) 1930년 신년사의 주제였음.
43) 안재홍, 「국제연대성으로 본 문화특수과정론」 『선집1』, 567-568쪽 참조.

족도 그 자연풍토적(自然風土的) 토대(土臺)와 역사적(歷史的)인 경험(經驗)과 문화전통(文化傳統), 그리고 국제적(國際的)인 제세력(諸勢力) 및 문화(文化)와의 교섭(交涉)이 상호교차(相互交叉)되고 영향(影響)을 주고받는 가운데 정치적(政治的) 성쇠(盛衰)가 결정(決定)되는 것이기 때문에[44] 어떠한 경우든 조선인이 그 전통(傳統)과 습속(習俗), 생활방식(生活方式), 등 민족문화(民族文化)를 향상(向上), 순화(純化), 정화(淨化), 앙양(昂揚)시키고자 하는 것은 "합리(合理)한 일"이고 또 그러한 과정을 거쳐 "사회적(社會的) 정치적(政治的) 멈춤없는 진경(進境)[즉, 정치적 독립]을 요구한다면, 그것은 천하(天下)의 공도(公道)"이어서 내외의 모든 사람들이 함께 찬성할 일이라고 주장했던 것이다.[45]

그러나 민세는 결코 한민족의 역사속에서 드러난 문화적 특징들을 아무런 비판적 성찰없이 옹호하거니 미화하지 않았다. 그는 주요 언론인이었고 당대의 대표적인 지식인으로서 민족문화운동을 주장하고 실천해야했기 때문에 도리어 한민족이 그 문화적 특성으로 지닌 결함과 문제점들을 신랄하게 들춰내었다. 그는 우선 우리 민족의 문화적 특성 혹은 민족성 차원에서 "우리 민족성의 병폐(病廢)"를 무기력함, 불관용함, 관념적임, 지속성이 부족함, 그리고 비조직적임,

44) 안재홍, 「민세필담-민중심화과정」『선집1』, 481쪽. 민세는 해방된 직후인 1945년 9월에 낸 『신민족주의와 신민주주의』(민우사)에서는 이러한 그의 역사관을 "종합적유물사관"이라 불렀다.
45) 안재홍, 「조선인의 처지에서」『선집1』, 464쪽.

등 다섯가지로 지적하였는데, 이를 자세하게 살피면 다음과 같다.[46] 중국대륙쪽으로 세를 떨쳤던 고구려, 백제, 발해, 일본에까지 높은 수준의 문화를 전했던 신라, 그리고 거란족을 물리치고 원나라에 대해 끈질긴 저항을 보였던 고려의 역사를 볼 때, 조선인들의 무기력(無氣力)함은 결코 그 "천질(天質)" 즉 변하지 않는 본성에서 비롯된 것이 아니라 청과 일본에 의해 시달리고 패망했던 조선왕조 시대의 열악(劣惡)했던 정치사에서 비롯된 것이다. 다음으로 지적할 수 있는 병폐는 불관용(不寬容)인 바, 이는 곧 "중화적(中和的) 태도를 잃음"으로 "협동과 호애가 부족한 바"이다. 그 결과 완고한 자기주관에 매달려 현실파악이 미비한 채 정확한 대책을 제시하지 못하여 결국 비실용주의적 또는 비실천적인 과오에 빠지는 것이다. 이러한 불관용의 사례들은 고려말 조선왕조 창건시기와 이후의 조선시대에 파당 간의 권력투쟁들에서 자주 목격되었던 바이다.[47]

한민족의 또다른 병폐는 "관념적(觀念的)인 비현실성(非現實性)"으로, 특히 정치적 지배자들이 "공리사쟁"(空理私爭)에 휘말려 조선왕조의 분열과 패망이 재촉된 것도 바로 이 이유때문이었다. 예컨대, 최영경, 정개청 등 수많은 선비들이 "도륙(屠戮)의 화(禍)"를 입고, "성웅" 이순신이 불과

46) 안재홍, 「민세필담―민중심화과정」 『선집1』, 491-501쪽 참조.
47) 같은글, 『선집1』, 491-493쪽 참조.

몇몇 사람의 필설(筆舌)로 "나수국문(拏囚鞠問)의 액(厄)"을 당하며, 현실감각이 남달랐던 정치가 최명길의 "수호방란(修好防難의) 책(策)"이 사대(事大)의 명분만 앞세우던 반대파들에 의해 죄절되었던 것, 남이와 김덕령이 모두 그 "무용(武勇)이 출중(出衆)하였던 탓으로 모두 형살(刑殺)"당한 것, "고풍달식(高風達識)"했던 박지원과 홍대용이 스스로 세속과 타협하지 않음으로써 "일생(一生)을 감가(轗軻)" 즉, 때를 만나지 못해 뜻을 이루지 못하였다. 또 정약용과 이가환 등은 스스로 "우국경세(憂國經世)의 선각자(先覺者)"였던 이유로 "파소쇄란(破巢碎卵)의 상란(喪亂)"에 빠졌었고, "태서(泰西)의 문물(文物)을 수입하여 민국도현(民國倒懸)의 액(厄)을 풀기"를 모의했던 홍봉주와 남종삼은 "복종절사(覆宗絶祀) 위노위비(爲奴爲婢)하는 참화(慘禍)"를 당하였다.[48]

　마지막으로 민세는 우리 민족의 또다른 심대한 병폐를 "지속성(持續性)의 부족(不足)"으로 꼽으면서, 이와 함께 비조직적(非組織的)이고 불협동적(不協同的)인 결함이 병존한다고 지적했다. 즉, 조선인들에게는 하나의 목표를 내세우고 "거기에 전력량(全力量)을 집중(集中)하여 그 필성(必成)을 기하는 관철(貫徹)의 힘이 매우 부족하고" 언제나 겨우 "신(新)으로부터 신(新)에의 무기획(無企劃)한 사시랑이 여행에

48) 같은글, 『선집1』, 495쪽.

바쁜 것" 같다고 비판한 것이다. 그리고 여기에 병행되는 큰 결함이 바로 "조직적 협동력이 매우 빈곤한 것"이다. 이러한 경향은 특히 지난 근세 수백 년간 지속되었고, 현대의 각 개인차원에서도 목격되는 바이다. 그리고 그 오랫동안의 역사가 있었음에도 아직 제대로 된 "조선유학사"(朝鮮儒學史)의 저작이 없으며, 기독교(基督敎)가 수입된 지 50년이 넘었는데도 아직도 능력 있는 종교지도자(宗敎指導者)가 없다. 그리고 민족주의, 공산주의, 무정부주의 등 각종 정치적 이념과 노선성의 변동과 전환이 매우 잦은데도 "아직 각계에 존경할 권위자(權威者)"가 매우 드물다. 그러나 민세는 이상과 같은 병폐들이 원래 우리 민족이 선천적으로 지녔던 숙명적(宿命的)인 "결점(缺點)"이 아니고 다만 우리가 "생존의욕에 포만한 적극적(積極的)인 혈성(血性)의 기백(氣魄)이 부족한" 가운데 역사를 이어오며 형성된 "역사적 산물"임을 지적하였다. 그리고 민세는 우리민족이 "시운개척(時運開拓)의 일념(一念)"을 가지고 노력하면 그 실천과정에서 점진적으로 이러한 병폐들을 극복(克服) 청산(淸算)할 수 있을 것으로 믿었다.[49]

그러나 특히 강압적인 동화정책하에서 한민족의 존망이 걸린 정체성 위기를 인식했던 민세는, 한편으로 식민당국으

49) 같은글, 『선집1』, 495-497쪽. 한민족의 이 같은 결점의 지적은 그 내용에 있어서 이광수가 민족개조를 내세우며 지적했던 것들과 유사하다고 볼 수 있다. 그러나 민세가 그러한 결점들이 잘못된 정치사적 경험등과 관련하여 역사적으로 후천적으로 형성된 것으로 인식하고 또 그것은 장차 노력여하에 따라 얼마든지 교정될 수 있다고 인식한 반면, 이광수는 한민족의 단점들은 그 장점들과 함께 "내적 본성"으로 파악했고 민족적 전통보다는 서구적 가치관에 따라 개조되어야 한다고 생각했다. 이광수, "민족개조론" 『개벽』3, No.5(1922.5), 18-72쪽 참조.

로 하여금 민족고유문화의 유지를 허용하는 정책으로 나갈 것을 논리적으로 설득하고자 하였다. 그리고 다른 한편으로는 암울(暗鬱)한 환경(環境)속에서도 "신생조선(新生朝鮮)"에의 꿈을 포기하지 않고 시련을 견뎌내며 민족정체성을 유지하기 위한 구체적인 교육프로그램을 제시하였다. 그는 우주만물(宇宙萬物)과 천하(天下)의 대소사(大小事)는 모두 "시공(時空)에 의연(依然)치 않음"이 없고, 인류역사에서의 각종 성패흥체(成敗興替)가 결국은 "모두 환경(環境)과 역사(歷史)와 거기에 생동(生動)하는 인과(因果)에 의하여 귀결(歸結)되는 것이니, 이것을 무시하고 인위(人爲)의 힘으로 함부로 그 사이에 독단(獨斷)할 수 없는 것"이라며 일제(日帝)의 강제적(强制的)인 한민족말살정책을 비판했다. 그리고 역사상 알렉산더 대왕이나 시이저 그리고 징기스칸과 나폴레옹황제가 무력으로 세계의 통일을 꿈꾸었으나 모두 "망상(妄想)으로" 그쳤으니 현명한 정치가는 이같이 "이세(理世)에 어그러지고 시대(時代)에 역행(逆行)하는 억지"를 피할 것이라고 충고하였다. 동시에 국가나 민족 사이의 관계에서 정치적, 군사적(軍事的)으로는 급속(急速)한 계기가 만들어지는 경우가 있을 수 있지만, 그 "문화적(文化的) 공작(工作)"에서는 급진적인 인위(人爲)가 가장 절제(節制)되어야 한다고 주문했다. 그는 민족(民族)이란 "역사적(歷史的)으로 또 문화적(文化的)으로 동일(同一)한 정신적(精神的) 존재인 것을 상호(相互)에 의식(意識)하는 사람들의 총체(總體)"로 정의했다. 그리고는 민족이란 아주 "냉철(冷徹)한 자연적(自然的) 존재(存在)"라서 민족과 민족 사이의 관계는 강압적인 단속과 억지로서가 아니라 "공동(共同)한 이해관계(利害關係)에 의한 이지상(理智上)의 유대(紐帶)에 의해서만 일정한 지속(持續)을 하는 것이요, 다만 인위적(人爲的)으로 이것을 억지로 할 수 없는 바"라고 강조했다. 그래서 민세는 "원주민족(原主民族)의 습관제도(習慣制度)를 존중히 하는 것이 현명한 정책"이라고 강조하면서, 일제 식민당국에 대해서 각 민족의 고유문화(固有文化) 및 현대문화(現代文化)를 존중하여 원주민들이 스스로 그들의 문화를 앙양(仰揚)케 하면서 따로이 그들의 구하는 정치적(政治的) 무엇을 추구하도록 하는 것이 위정자의 현명한 태도요 정책이라고 주문했던 것이다.[50] 또 민세는 영국이 그들의 식민지였던 카나다의 퀘벡주에서 프랑스계통 주민들의 언어 습속 및 취미 감정 등을 그대로 용인하고 존중함으로써 대영제국의 번영을 도모하고 지속시키는 데 기여하였음과 반대로 비스마르크의 독일제국이 폴란드의 포젠(Posen)주와 러시아제국이 폴란드에

50) 안재홍, 「사회와 자연성」『선집1』, 537–539쪽 참조.

대해서 19세기 중엽이래 "전연(全然) 독단적(獨斷的)인 동화정책(同化政策)"을 폈으나 결국 실패하고 말았던 역사적 사례들을 지적함으로써,[51] 일본이 식민지조선에 대한 민족말살적인 동화정책을 중단할 것을 기대하고 요구하였다.

민세는 이렇게 식민당국을 향하여 역사적 사례를 밝히거나 논리적인 설명을 가하면서 식민치하에서 허덕이는 한민족이 고유문화를 지키고 계승하면서 생활하고 활동하게 하는 것이 바람직함을 강조하였다. 그런 한편 민세는 당시 조선인들 사이에 마침 높아진 향학열(向學熱)은 병술국치(丙戌國恥) 시기와 기미독립운동(己未獨立運動) 시기의 그것에 이은 제3차의 의미있는 향학열로 "문화건설(文化建設)의 도정(道程)에 있어" 매우 반가운 현상이라고 지적하면서 [52] "신생조선"(新生朝鮮)의 미래를 지향하는 새로운 몇 가지의 교육프로그램들을 제안했다. 첫째, 무엇보다도 교육(教育)의 "민중화(民衆化)"와 "생활화(生活化)"가 절실하다. 민중화란 교육이 일부 지도층의 최고 전문적 지식의 전수만이 아니라 "마땅히 일반 시민대중인 전남녀층에 확대보급하여야 할 것"을 일컫는다. 그리고 생활화란 초/중등학교 교육을 강화하고 그 내용이 실사구시 및 지행합일의 원리에 따라 이론적 지식교육에 치우치지 아니하고 "인생 생활

51) 같은글, 『선집1』, 541쪽.
52) 민세는 1936년 당시 불어닥친 한민족 사이에서의 높은 교육열을 경술국치 시기의 제1차 향학열, 기미독립운동 당시의 제2차 향학열 다음의 "제3차 향학열"이라 고 규정하여 그 역사적 의미를 평가하였다. 안재홍, 「문화건설 사의」『선집1』, 514-515, 518쪽 참조.

에서의 실제 적용의 기량(技倆)을 양성함"을 핵심으로 하는 것이다. 민세는 산업화에 성공한 독일에서의 실업교육, 덴마크가 농업입국하는데 큰 힘이 되었던 그룬트비히에 의한 국민고등학교 제도, 러시아의 학교-공장 연계교육시스템 등을 예로 들면서 산업진흥과 농공상에 기여할 교육의 실시를 강조하였다. 그는 초등학교 6년제 의무교육(義務敎育)의 실시를 말하면서도 경우에 따라서는 초등학교 4년제 의무교육과 2년제 간이실업학교(簡易實業學校) 혹은 직업학교(職業學校)를 연계시키는 방법도 좋을 것으로 제안하였다.[53]

둘째, 특히 과학 기술 및 관리분야의 "간능(幹能)" 즉 유능한 간부를 양성하는 교육이 되어야 한다. 조선시대의 인재교육은 주로 도학(道學)과 문장(文章) 중심으로 이루어져 실생활(實生活)과는 멀었고, 경술국치 이후에는 대부분 법률, 정치, 문학, 경제 등 인문학(人文學)이 교육의 주류를 이루었다. 그 결과 당시 건축토목(建築土木)의 대공사에서는 물론 간단한 석공(石工)일이나 채소농업에서도 조선인 기술자(技術者)는 안보이고 대부분 중국인이나 일본인들만 일을 맡았다. 기술교육을 제대로 받지못한 조선인들은 겨우 지게꾼과 달구지꾼들로 막노동일이나 하고 있다. 따라서 비록 늦은 감

53) 같은글, 『선집1』, 516-520쪽.

은 있으나 이제라도 서둘러 "과학기술(科學技術) 및 관리(管理)의 간능(幹能)"이 "조선청년(朝鮮靑年)의 지향목표(指向目標)"로 되어야 한다. 간단히 말해서 당시 조선사회는 각 분야의 전문가, 기사, 기수, 및 능력 있는 행정적 사무가 등이 매우 필요할 것이니 이에 조응하는 실사구시적(實事求是的) 인재교육(人才教育)이 실천되어야 한다.[54]

셋째, 여자교육(女子教育)을 확대보급하여 "모성(母性)의 문화적(文化的) 완성(完成)"[55]을 기함으로써 민족문화(民族文化)를 지키고 흥성케 하여 민족을 구하여야 한다. 민세에 의하면 "현대조선 교육의 최대한 결함(缺陷)은" 학식(學識)만 가르치고 인간생활의 규범교육(規範教育)에는 너무 소홀하다. 그리고 건강한 사회문화의 온상(溫床)이어야 할 가정은 대부분 문화적 고갈상태에 빠져있다. 조선여자들은 본래 총자(聰慈)하고 재간이 있었지만, 유교적 남존여비(男尊女卑)의 풍조와 경제적 곤핍(困乏) 때문에 그러한 자연스런 본성(本性)이 묻히고 대신 "우악스럽고 미련스런 모성(母性)"의 소유자로 그 이미지가 바뀌었다. 오늘날 조선의 경우 경제적 부의 증대가 중요한 사안임에 틀림없지만, 동시에 원래부터 총명하고 재주많은 조선여성들이 지니고 있던 전통적인 "성정(性情)의 함양(涵養)"과 전수(傳受)가 이루어

54) 같은글, 『선집1』, 520–521쪽
55) 같은글, 〈선집1〉, 531쪽.

져야 한다. 조선의 신문화와 조선적(朝鮮的) 정조(情調)의 생활문화는 우선 조선의 가정(家庭)과 그 안방에서부터 북돋우어져야 할 것이기 때문에 어머니를 포함한 여자일반(女子一般)의 교육이 그 내용과 시설면에서 심화(深化)되고 확충(擴充)되어야 한다. 자녀교육의 주책임자인 어머니들을 무학(無學) 또는 천학(淺學)의 상태에 버려두고 2세 어린이들의 명랑하고 정상적인 성장을 바란다는 것은 큰 모순(矛盾)이다. 따라서 마땅히 그들의 교육을 쇄신하여 그들로 하여금 어린이들을 착하고 귀엽게 기르도록 하여 "신생조선의 여명(黎明)"을 만들어 나가도록 해야 할 것이다.[56] 요컨대, "현대조선에는 실로 민중적(民衆的)으로 모성도(母性道)의 재건을 열요(熱要)하고 있다. 무릇 민중의 미래(未來)는 어린이가 지배하고, 어린이의 품위(品位)는 모성이 지배하나니, 현하에 모든 력(力)과 권(權)을 잡은 자들은, 그 자기들이 지배하고 있는 여성들의 교육으로써 모성도(母性道)를 재건하고, 써 신생조선을 대망(大望)하는 생존상(生存上)의 공작(工作)이 있어야 할 일이다"[57]라고 민세는 주장했던 것이다.

56) 같은글, 『선집1』, 524-530쪽 참조.
57) 같은글, 『선집1』, 531. 민세는 이렇게 모성교육을 통한 민족정서의 보급 및 자녀교육의 향상을 꾀하여 민족을 암흑에서 구한다 하여 스스로 "母性求族論"이라 표현하였다. 같은글, 『선집1』, 524쪽.

6. 맺음말: 하나의 평가

이상에서 검토해본 바, 언론인 민세 안재홍의 1930년대 글쓰기와 사회적 행동들은 적어도 다음과 같은 3 가지 특징이 있는 것으로 나타났다.

첫째, 1930년대의 민세는 조선이 일본제국주의의 문화정치 및 강압적인 동화정책에 직면하여 민족의 정체성 유지와 그 지속적 존재여부에 있어 심각한 위기(危機)에 처해있다고 인식하고, 일제에 대한 비타협적 노선을 취하였다. 그리고 이러한 비타협적 노선은 일제의 정책에 대한 비판적 글쓰기와 민족정체성 보존을 위한 사회계몽운동으로 표출되었고, 이로 인해 그는 수시로 투옥되고 계속적으로 감시당하는 삶을 살 수밖에 없었다. 그리고 민세의 문화건설론 혹은 민력양성운동은 당시의 공산주의자들과 달리 비폭력적(非暴力的)이었으며,[58] 일제의 문화정책을 민족의 '자치'와 근대적 개조를 이룰 수 있는 호기(好機)로 여기고 일제와 협력하여 그 실천을 추구했던 이른 바 "문화민족주의자들"과 달리 저항적(抵抗的)이었다.

둘째, 민세의 비타협 저항노선은 헤르더의 문화민족주의적 문제의식에 입각했던 것으로 궁극적으로 한민족의 정치

58) 물론 이광수나 최린 등 이른바 자치론자들도 간디를 인용하며 비폭력을 말하였으나, "식민당국과 대항하는데 위축되어 있으면서 간디의 민족주의와 그 (비폭력적인) 전략을 실천한다는 말은 기만에 지나지 않았다." Michael Robinson 저, 김민환 역, 앞의 책, 214쪽.

적 독립과 자유를 추구하는 것이었다. 주권이 유린되고 민족 말살의 식민통치가 자행되고 있는 상황인 한, 단위민족의 즉각적인 정치적 독립을 우선시하는 "정치적 민족주의"와 단위민족의 문화적 정체성 및 유지를 중시하는 "문화민족주의"는 각각 모두 나름대로의 전망과 전략으로 정치적 독립을 추구하는 면에서 서로를 구별하기란 쉽지않다.[59] 민세의 경우, 그 스스로 이른바 민족자치를 위한 정치활동을 하지 않고 민족적 정체성 유지와 발전을 위한 글쓰기와 저술, 그리고 사회계몽운동에 일관되게 집중했지만, 정치적 주권이 상실되고 민족전통의 말살이 획책되는 상황에서 민세의 이러한 활동이야말로 역사의식이 동반된 또 다른 형식의 정치행위였다고 볼 수 있을 것이다.

셋째, 민세는 세계일가사상 혹은 사해동포주의(cosmopolitanism)가 문화적 다양성과 정치적 자율성을 바탕으로 추구될 때 지구사회의 건강한 공동체화가 가능하다는 견해에서 한민족말살을 목표로 하는 일제의 동화정책을 비판하였다. 그리고 민세는 민족문화와 전통, 그리고 현재에 처한 입장 등을 경시하고, 국제공산주의운동의 강령과 정책에 '맹종하는' 국내 공산주의자들의 주장과 행동을 비판하고, 대신 오늘날의 열린 민족주의론과 상통하는 "국제적 민

59) 이같은 견해는 최근의 한 연구에서도 드러난 바 있다. 박의경, 「민족문화와 정치적 정통성: 루소와 헤르더」『한국정치학회보』, 제36집 3호(2002년 가을), 51–70쪽: 정윤재, 「일제하 한국 지식인들의 저항과 식민지근대화론」 한국정신문화연구원 편, 『식민지근대화론의 이해와 비판』(백산서당, 2004), 195–202쪽 참조.

족주의"론을 제시하였는 바, 그의 이러한 주장들은 오늘날 지구화시대에도 통용될 수 있는 내용을 포함하고 있다.

■ 참고문헌

안재홍선집간행위원회 편. 1981.『민세안재홍선집1』,『민세안재홍선집3』. 지식산업사.

Michael M. Robinson 저, 김민환 역. 1990.『일제하 문화민족주의』. 도서출판 나남.

정윤재. 2002.『다사리공동체를 향하여: 민세 안재홍 평전』. 한울.

박찬승. "1930년대 안재홍의 민세주의론," 정윤재 외. 2003.『민족에서 세계로: 민세 안재홍의 신민족주의론』. 도서출판 봉명, 59–91쪽.

김용직. 2004. "1920년대 일제 '문화통치기' 민족언론의 반패권 담론투쟁에 관한 소고" 한국정신문화연구원 편.『식민지근대화론의 이해와 비판』백산서당, 171–194쪽.

김인식. 1997. "안재홍의 신민족주의 사상과 운동," 중앙대학교 박사학위논문.

한국정신문화연구원 편. 2004.『식민지근대화론의 이해와 비판』, 백산서당.

박의경. 1995. "헤르더(Herder)의 문화민족주의."『한국정치학회보』. 제29집1호. 331–352쪽.

_____. 2002. "민족문화와 정치적 정통성."『한국정치학회보』, 제36집3호. 51–70쪽.

2

民世 安在鴻의 新民族主義
史觀에 대한 일고찰

民世 安在鴻의 新民族主義 史觀에 대한 일고찰

이 진 한 (고려대학교)

1. 머리말

민세 안재홍(1891~1965)은 民族運動家로서 言論人으로서 歷史家로서 政治人으로서, 그 분야마다 굵직한 자리를 차지하는 인물이었다.[1] 이처럼 민세가 여러 분야에서 다양한 활동을 전개했기 때문에 그에 대한 연구도 역사, 정치, 언론 등 다방면에 걸쳐 많은 성과가 이루어져, 사상가로서 새로운 면모를 파악할 수 있는 정도가 되었다. 다만, 그간의 연구 경향을 보면 각 분야를 개별적으로 고찰함으로써, 그의 활동 영역 사이의 유기적 관련성이 제대로 부각되지 못한 것이 아쉬운 점이다.

[1] 千寬宇, 「解題(1)」『民世安在鴻選集』 1, 지식산업사, 1991, 1983, 1쪽. 이하 『民世安在鴻選集』은 『民世選集』으로 줄인다. 민세의 저작에 대해서는 필자 표기를 하지 않겠다. 그리고 첫 번째 제시되는 것에 대해서는 모두 집필 및 발표 연도를 표기할 것이다.

그에게 독립운동가, 언론인, 역사가, 정치가 등 많은 직함이 있었다고 해도, 결국은 한 사람에 대한 여러 가지 표현일 뿐이어서, 각 분야별 활동은 서로 밀접한 관련이 있었을 것이라고 생각된다. 그는 독립운동가로서 언론 활동을 한 것이고, 역사의 연구도 독립 운동의 한 수단이었다. 그것은 해방 이후에도 마찬가지였다. 그는 정치활동을 하면서 조선사를 정리하였고, 언론인으로서 예리한 논변으로 자신의 주장을 펼쳤다. 이처럼 민세의 사상을 이해하는 데 각각을 분리해서 이해하면 오류를 범할 가능성이 높기 때문에, 그것들이 상호간의 영향을 주었다고 인식해야 올바른 像을 찾아낼 수 있을 것이다.

본고에서는 이런 점을 감안하여 민세의 핵심적인 정치사상인 신민족주의론이 식민지시대부터 해방 이후까지 계속된 조선사 연구와 유물사관의 독특한 이해에서 비롯되었다는 점을 고찰하려고 한다.[2] 실제로 민세는 자신의 정치사상의 연원에 대해 다음과 같이 회고하였다.

조금 하나 더 쓰자면 나의 정치이론은 레닌주의와 수종의 唯物史觀 등의 熟讀과 각종 史書의 涉獵에서 얻은 새[緯]와 나의 실천의 생애를 통하여 얻은 체험을 날[經]로 삼아 생성된 것

---

2) 민세의 조선사 연구를 다룬 논문은 그다지 많지 않다. 다만, 한영우는 민세의 정치활동, 1930년대 조선학운동·민족주의론, 1945년의 신민족주의·신민주주의론, 고대사연구 등을 종합적으로 고찰하면서 비교적 민세의 역사학에 대해 많이 다루었다고 할 수 있다. 그런데, 그는 민세의 정치사상은 사학자로서의 소양에 바탕을 두고 형성되었다는 점에서 그의 정치사상과 역사의식은 불가분의 관계를 맺고 있고, 바로 그 점에서 위 양자는 표리일체로 파악된다고 하였다 (韓永愚, 「安在鴻의 新民族主義와 史學」『한국독립운동사연구』 1, 1987; 『韓國民族主義歷史學』, 一潮閣, 1994. 옳은 지적으로 본고의 서술에도 많이 참고하였다. 하지만, 이 연구는 정치사상과 조선사연구가 어떻게 관련되는지 구체적으로 논증하는데는 다소 부족하였다고 여겨진다. 따라서 본고에서는 민세가 유물사관에 대해 어떻게 이해했고, 조선사 연구 결과를 그것과 어떻게 접목시키려했으며, 최종적으로 유물사관을 수용하여 자신의 신민족주의론을 합리화하려 했는지를 파악하고자 하였다.

인데, 그것도 入獄할 때마다 空靜한 독거방 생애에서 유유히 냉철공명한 자기와 현실을 향한 회고와 비판을 통하여 작성된 바이다.[3]

그는 레닌주의와 유물사관 서적을 숙독하였고, 각종 사서의 섭렵과 정치 체험에서 자신의 정치사상이 만들어졌다고 밝히고 있다. 민세는 사회주의자가 아니었음에도 불구하고 유물사관에 많은 관심을 갖고 탐독하여 상당한 수준의 이론을 갖췄으며, 人類學과 世界史에 대해서도 해박한 지식을 쌓았다는 점은 그의 많은 저술에서 쉽게 확인할 수 있다.

이와 같이 민세는 유물사관을 수용하고 보편사적 입장에서 조선사를 연구하였지만, 보편사적인 틀이나 유물사관의 일원적 발전론을 일률적으로 우리 역사에 적용하기 어렵다는 점을 깨달았던 것 같다. 이후 그것을 근거로 보편적 발전속에서 조선사의 특수성을 강조하였고, 그 논리는 역사에서 정치로 옮겨져 조선의 정치적 현실도 외세로부터 완전한 자주 독립을 우선시할 수 있었으며, 더 나아가 민족주의적 입장에서 사회주의의 장점을 수용하는 신민족주의론을 주장하게 되었다는 것을 살펴보고자 한다.

본 연구가 소기의 목적대로 이루어진다면, 민세의 정치사

3) 「體髓哲學의 使徒가 되었다」 『三千里』(1949.2); 民世安在鴻選集刊行委員會編 『民世選集』 5, 지식산업사, 1999, 102쪽.

상과 조선사 연구가 통일적으로 파악되어야 한다는 점을 알
게 될 것이다. 왜냐하면 조선사 연구가 그의 정치사상의 뿌
리였으며, 동시에 그의 정치사상을 합리화하는 기능을 했기
때문이다. 아울러 민세가 인류학이나 세계사 등을 탐구하고
유물사관의 이론을 받아들였으되, 오히려 그것을 이용하여
특수성을 강조하며 사회주의자의 논거를 반박하고, 나아가
자신의 정치 사상이 옳다는 것을 증명해가는 독특한 논리를
구사하였음을 알 수 있는 것이다. 또한 그의 논리 자체가 會
通的이었다는 점은 정치사상과 일맥상통하며, 민세의 또하
나의 진면목을 찾게 되는 것이다.

2. 上古史 연구와 比較史的 서술

한국 古代史의 연구에 가장 장애가 되는 문제 가운데 하나
는 자료가 매우 적다는 점이다. 따라서 자료만으로 고대사를
정상적으로 복원해내는 일은 그리 쉬운 일이 아니며, 특히
삼국 이전의 경우는 더욱 그러하다. 때문에 현대의 고대사
연구자들은 考古學·文化人類學·社會科學 등의 다양한 연
구 결과를 이용하여 역사를 재구성하는 방법을 널리 이용하

고 있다.

　민세가 고대사를 연구하기 시작한 시기에 우리나라의 사회경제사학이 사회과학도에 의해 개척되고 있었다. 그러므로 민세는 사회경제사학의 성과에 충분히 유의하면서 그의 논리를 전개하였으며,[4] 인류학과 비교언어학의 방법론을 활용하여 한국 고대사를 연구하였다. 물론 이러한 경향은 민세가 처음이 아니었다. 1927년에 간행된 崔南善의 「不咸文化論」과 1933년 간행된 유물론적 입장에서 서술된 『朝鮮社會經濟史』 등에서도 시도된 적이 있었다. 민세는 바로 그 당시 유행하던 방법론을 따른 것이었다. 다만 민세는 고대사 시기에 이미 민족의 형성을 인정하고 있다는 점에서 백남운과 달리 신채호를 계승하고 있다고 하겠다.[5]

　게다가 민세는 인류학 등과 같은 서구에서 체계화된 사회과학 이론 이외에 東西洋의 많은 역사적 문헌을 통해 지식을 축적하고 유사성을 찾아내 자신의 고대사 서술의 근거로 삼고자 하였다. 그러한 태도는 다음의 글에서 확인할 수 있다.

　高句麗의 職官은 그 전모를 바라볼 수 있되, 그 詳細를 알아낼 文獻이 殘缺하였다. 新羅는 격심한 大陸風塵이 동떨어진 동남의 한구석에 있어 얼마쯤 後進社會로 되어 있는 대신

4) 金容燮, 「우리 나라 近代 歷史學의 發達」 『文學과 知性』 4, 1971; 李佑成·姜萬吉편, 『韓國의 歷史認識』 下, 創作과 批評社, 1976, 482쪽.
5) 韓永愚, 「앞의 논문」, 219쪽

古制度의 요약이 다행히 그대로 남아 있다. 先代의 史家들이
불행히 이를 해석할 방편을 갖지 못하였으나 現代의 社會科
學과 文獻의 蒐集整備는 이 해명의 기회를 오인에게 남겨주
었고, 또는 社會科學의 國際性에 의하여 더구나 三國 기타
震人의 言語 法俗이 서로 대강 공통되었으므로 이로써 그밖
에 震方 諸國의 同一段階의 여러 제도를 많거나 적거나 해명
보정하는 열쇠가 된다.[6]

그는 조선의 고대사가 사료 부족으로 인해 상세한 내용을
알 수 없으나 현대의 사회과학과 세계사에 관한 문헌수집을
통해 해명의 실마리를 얻고, 역사적 보편성에 따라 당시 삼
국의 언어 법속이 대체로 공통될 것이라는 전제에서 연구를
시작하였다고 한다. 여기에서 언급한 것처럼 민세는 조선의
언어학적 연구와 古文獻의 考證을 통한[7] 상고사 연구에 주
력하였고, 그 과정에서 자신의 논지를 합리화하기 위해 비교
사적인 방법을 이용하였다. 이어 역사는 보편적으로 발전한
다는 원칙을 한국사에 적용하여 일정한 역사 발전 단계에 이
르면 국가명칭이 비록 다르더라도 정치체제 등이 서로 유사
했을 것이라는 점을 고려했다는 것이다.

그럼 두 개의 방법론 가운데 먼저 고대사 연구와 비교사적

6) 「新羅職官考略 職官을
통해보는 社會史의 一面」
(1937) 『朝鮮上古史鑑』
(1946.1); 『民世安在鴻選
集』 3, 지식산업사, 1991,
150쪽.
7) 「殷箕子 抹殺論 朝鮮史
學上의 一殘宰」 『朝鮮日
報』 社說(1931.1.10~11);
『民世安在鴻選集』 4, 지
식산업사, 1992, 92쪽.

인 인식을 검토해보자. 그는 檀君朝鮮, 箕子朝鮮, 夫餘, 高句麗, 新羅, 伽耶 등의 연구에서 자신의 독창적 고대사 발전 과정을 증명하고자 여러 차례 다른 지역 역사와의 유사한 점을 제시하고 있다.

민세에게 있어 단군조선은 우리 역사의 시작이며, 단군은 식민지 조선인들에게 일본인과 구별하게 하는 구심점으로 역할을 하는 상징적인 인물이었다. 또한 조선의 국가 형성이전 원시 사회를 알려주는 자료가 단군신화였다고 이해하고 있다. 그러므로 '震方의 先民들은 女系時代에 聖母를 뫼시어 共同體의 生涯를 시작하니, 그 땅은 아씨땅(아사달)로써 阿斯達이요, 그 시대는 阿斯達時代였다'고 한다.[8] 즉 인류 역사상 최초로 나타나는 원시적인 여권 중심의 혈족사회의 흔적으로서 단군신화의 아사달이 있으며, 그 이후에도 그 영향이 남아 阿斯津·阿珍義先·晉汁伐·阿尸村 등과 같이 여성의 존칭인 아씨와 관련된 지명·인명을 남기고 있다고 하였다.[9]

단군은 이러한 모계 사회를 지나 남계 사회로 변화하여 형성된 것이었다. 여계 중심의 사회는 蒐集經濟였으며, 그후 狩獵經濟와 農業의 시작 및 발달 등으로 사회가 男系 中心으로 변동되었다. 그 男系 首長 가운데, 가장 영웅적인 인물로

8) 「阿斯達과 白岳·平壤·扶餘辨 原生地를 중심으로 발전된 古社會」(1937) 『朝鮮上古史鑑』; 『民世選集』 3, 78쪽.
9) 「檀君과 朝鮮史 學徒로서 가질 態度」 『朝鮮日報』 社說(1930.7.5); 『民世選集』 4, 85쪽.

나타나 '神人'적 崇仰을 받으며 勃興하는 힘이 커지자 여러 部族의 추대를 받아 '덩걸' '왕금'의 지위에 올랐고, 이 왕금은 大君으로, 후세에 '檀君王儉'이라 일컫는 분이다.[10] 인류 사회에서 보편적으로 거치는 채집사회, 수렵경제를 지나 농업사회가 시작되고 수장층이 형성되는데, 단군은 그 가운데 신으로서 숭배되며 강력한 힘을 갖추어 추대를 받아 대군의 지위에 오른 사람이었다. 원시사회에서 채집·수렵 사회에서 농경사회로, 여계 사회에서 남계 사회로의 전환이라는 획기적인 변화의 결과가 단군조선이었다는 것이다.

이 '덩걸왕금'인 '檀君王儉'은 마치 상대 히브리人의 사회에서 보이는 바처럼, 각 지방에 並立한 祭政的 長老를 통할하는 君主的 神政時期를 영도하여, 자못 산만한 국가조직으로 하였다.[11] 민세는 단군왕검이 히브리인과 유사했음을 말하여 그 성격을 설명하고, 그 지역의 국가가 형성되는 것과 같이 단군조선이 등장하게 되었다고 설명하고 있다.

그리고 아사달 사회 이래 몇가지의 문화적 胚種이 그들 사이에 발생 성장하는데, 이러한 종 보존의 내적인 일과 또는 외적 조건인 食料의 獲得 등에서 接觸 感悟한 人爲 이외에 자연의 '힘'에 대한 觀念 및 畏敬이었다. 이 '힘'에 대한 畏懼와 尊崇은 소박한 대로의 자연숭배 또는 자연현상에 대한

10) 「阿斯達과 白岳·平壤·扶餘辨 原生地를 중심으로 발전된 古社會」 『朝鮮上古史鑑』; 『民世選集』 3, 60쪽.
11) 「箕子朝鮮考 箕子朝鮮의 斷案」(1937) 『朝鮮上古史鑑』; 『民世選集』 3, 47~48쪽.

擬人視的 尊崇의 발전이니 이 信仰心의 發生 및 成長의 형태는 동일 역사단계에서의 東西 諸國民이 대체로 그 범주를 함께 하는 것이었다고 하였다.[12] 민세는 단군신화에 나오는 여러 가지 애니미즘이나 토테미즘적인 요소를 동서양에 공통되는 바로 설명하고 있다.

단군조선 다음에 출현하는 기자조선의 '기자'에 대한 해석은 매우 새로운 바가 있다. 민세의 고찰에 의하면 기자는 殷나라 사람으로 周나라의 건국을 반대하며 조선에 왔다는 실존 인물로서의 箕子가 아니었다. 기자를 殷에서 온 이주자로 보지 않고 고조선의 토착세력으로 보려는 견해는 이미 1912년 발간된 『壇奇故事』에서도 나타난 바 있는데, 그곳에서는 '箕子'를 '奇子'로 쓰고 있으며 奇子를 단군혈통을 계승한 자로 보았다.[13] 그후 崔南善도 이를 '개아지'로 해석한 바 있어 민세의 箕子東來說 부인은 선구적 의미를 갖지 못하지만, 민세의 기자 해석은 語義 解釋이 독특하고, 社會發展과 관련시켜 시도되었다는 데 특색이 있었다.[14]

민세는 역사상 農耕·製作 등 私有財産을 형성할만한 産業經濟가 발달될 때 등장하는 男權本位의 公民階級이 '기'이며, 그 기로서 고대 고유한 天體崇拜의 원시적인 神權思想과 和同하여 출현한 '解' 씨 왕권의 시대가 이른바 '岐子'

12) 「朝鮮上代地理文化考」 (1940) 『朝鮮上古史鑑』; 『民世選集』 3, 421쪽.
13) 韓永愚, 「1910年代 民族主義 歷史敍述」 『韓國文化』 1, 1980, 『韓國民族主義歷史學』, 一潮閣, 1994.
14) 金容燮, 「앞의 논문」, 480~481쪽.
韓永愚, 「安在鴻의 新民族主義와 史學」 『한국독립운동사연구』 1, 1987; 『韓國民族主義歷史學』, 一潮閣, 1994, 222쪽.

'奇子'朝鮮으로 되었다고 하였다.[15] 그러므로 '기자'는 고유 명사가 아니라 고대 사회 수장을 의미하는 일반명사여서 여러 곳에 있을 수 있었다. 松花江 유역인 北滿州의 北夫餘에 아득한 일찍부터 '크치朝鮮'이 있었고, 大同江畔에도 殷箕子의 후예로 후세에서 오인되는 文化的 機構를 擁有한 '크치朝鮮'이 있었으며, 弁辰 諸國 사이에도 '己柢'國이 있었다. 이와 같이 크치의 位格으로 말미암아 기원이 된 이 國名은 우리 나라 전지역에 편재하게 되었다고 하였다.[16]

이러한 역사적 배경으로 인해 우리 나라 上代의 文化에는 각 지방에 分立 割據하던 '크치'가 여러 가지 방면으로 큰 영향을 끼쳐서 옛사람들에게 강렬한 인상으로 남아 있었다. 뒤에 '크치조선' 또는 '크치시대'가 口碑文學 및 傳誦되었으나, 그 과정에서 '크치'와 '箕子'가 漢式 발음에 있어 비슷하여 箕子가 되었다. 결국 그것이 더욱 변화하여 殷나라 箕子가 와서 미개한 조선을 깨우쳤다고 하며, 조선인에 대한 文化的 恩人처럼 숭배하게 되었다고 하였다.[17]

이처럼 은나라 기자가 '그 勝朝의 至親으로써 慷慨한 去國行을 지어, 멀리 朝鮮에도 大洞江 平壤인 당시의 首都에 들어와, 禮儀·田蠶·織作 등 각 방면의 文化善蒙의 공작을 하였다고 하는 것'은 세계사에서 드믄 일이 아니었다. 바빌

15)「殷箕子 抹殺論 朝鮮史學上의 一殘滓」『朝鮮日報』社說(1931.1.10~11);『民世選集』4, 92쪽.
16)「箕子朝鮮考 箕子朝鮮의 斷案」『朝鮮上古史鑑』;『民世選集』3, 38쪽.
17)「앞의 글」, 46~47쪽. 본고에서「앞의 글」은 이전에 인용된 안재홍의 저술을 뜻한다.

론의 文明은 인도 유로피언系의 슈메르족과 셈족과 아카드 족인 투라니아人이 共同創成한 것이다. 더욱이 현대 러시아 인의 최초의 출발은, 노르만인의 서방으로부터 침입에 의하여 '新都'로서의 노부고르드의 건설과 함께 그 첫 페이지를 시작하였다. 그러므로 箕子의 東來敎化 및 그 建國工作 여하는 主觀에서 무슨 중대한 문제가 아니지만, 歷史考徵의 과학적 요구는 용인할 여지가 없다는 것이 민세의 생각이었다.[18]

箕子를 '크치'로 이해하면서, 기자동래설을 부인하고 바빌론 문명의 성립과, 현대 러시아의 출발과 비교하는 것은 적절하지 못한 감은 있으나 민세가 자신의 주장을 합리화하는 방편으로써 비교사적인 방법을 이용하는 것은 역사 연구에서 매우 중요한 의미가 있었다.

기자조선 다음의 우리 역사는 부여의 시대로, 부여는 고조선과 삼국을 연결해주는 국가의 명칭이다. 그러나 민세는 부여가 '孕'을 의미하고 古語에서는 '生'을 의미하여, 그 원음이 '비' 또는 '비어'에서 부여가 되었으며, 그 자체로 종족을 뜻하는 것이었다.[19] 이와 같은 현상은 西語에서도 있는데, 내치오(natio)는 국민 혹 민족의 뜻이다. 내츄라(natura)가 자연이란 말인 것과 함께, 나치(nasci) 즉 '남', '낫(낳)는다'로 부터 전화한 것처럼 부여는 孕胎・生育・繁殖・旺盛 등 함

18) 「앞의 글」, 46쪽.
19) 「阿斯達과 白岳・平壤・扶餘辨 原生地를 중심으로 발전된 古社會」(1937) 『朝鮮上古史鑑』; 『民世選集』 3, 77쪽.

축적인 語意를 가진 것으로 그 孶生産育 전체를 가리키며, 그것은 고대 震人이 자기 종족을 일컫는 명칭이었다고 하였다.[20]

그리고 라틴어의 젠스(Gens)와 그리스어의 자나스(Ganas)가 모두 그 제1의로 血族을 의미하되, 실은 지그노(Gigno), 지그노마이(Gignomai), 자나마이(Ganamai) 등 '生함'의 뜻에서 번진 말임에 비추어 보아, '비어' 혹 부여가 '腹'에서 '孕'에서 '혈족'에서 그리고 '씨족'에서 종족으로까지 그 역사 발전의 단계 과정을 따라 점증적 발전 확충의 도정을 밟아온 것이었다.[21]

민세는 이러한 해석이 옳다는 것을 앗시리아의 상관성에서 확신하고 있다. 부여가 '비어' 혹 '볽'의 어음이 있어 그것이 종족명이자, 국명이자 그것이 의거한 주축인 특정한 산악 및 하천명이자 '볽' 혹 부여신 등 종족의 보호신인 主神 또는 大神의 名號이기 때문이다.[22]

예를 들어 고대 앗시리아인은 앗슬산에 의하여 그 종족명을 이루고, 그 국명은 앗실이요, 그 수도 앗슈르성에는 종족의 보호신인 앗슬의 신전을 두어서 그들의 주신으로 하였고, 그들의 제왕은 허다한 아슈르 혹은 앗실의 명호까지 붙었다. 이를 부여와 비교하건대, 夫餘國·夫餘族이 夫餘神의 尊崇

20) 「앞의 글」, 77쪽.
21) 「앞의 글」, 77쪽.
22) 「앞의 글」, 81쪽.

에서 그 보호의 主神을 얻었고, 夫餘 河畔 夫餘城에 夫餘山의 한 寫音인 白岳山을 기대있는 것을 생각하면 동서양을 뛰어 넘어 하나같은 것이다고 하였다.[23]

민세는 부여가 잉태하다는 의미의 '비' 또는 '비어'에서 나왔으며 종족을 뜻하는 西語, 라틴어, 그리스어 등에서 유사한 사례가 있었음을 통해 증명하고 있다. 또한 종족명·국가명·주신의 이름 등이 같았던 부여의 특색이 앗시리아에서 발견된다는 점을 통해 자신의 논지를 확인하고 있다.

민세는 이보다 앞서 부여에 대한 선행 연구에서 앗시리아를 언급한 바가 있었다. 그는 '붉' 도는 부루도요, 붉神은 또 '夫餘神'으로도 되는 것이니, 夫餘는 '비어'의 寫音으로 孕胎 또는 孶生産育의 의미를 가진 것이다. 아득한 옛날 阿斯達社會의 女系 中心의 蒐集經濟 時代부터, 그 信仰의 胚種이 생겼고, 牧畜時代를 지나 농업경제 확립과정까지 그 완성의 걸음을 내디딘 것이라고 이해하였다고 하였다.[24]

그들의 '붉神' 이후 '夫餘神'의 신봉은 헤겔의 이른바 '人間과 神과 自然의 統一狀態'를 구현한 것으로서 地天圓融, 人神融化的 상태였다. 이는 震方 고사를 통하여 볼 수 있는 全人類 歷史의 고대사회적 단계 과정을 천명하여 주는 것이었다. 이러한 상태는 近世 아프리카의 黑人과 美洲의 인디언

23) 「앞의 글」, 82쪽.
24) 「'夫妻' 신도와 '不咸' 문화론」(1928 미발표) 『民世選集』 4, 105쪽.

과 기타 大洋洲의 후진적인 종족사이에서 목격할 수 있는 것이고, 前代史에서는 서아시아의 앗시리아人이 앗슬山에서 그 종족명을 얻고, 다시 앗슬神으로서 종족의 주신을 삼던 그 이면의 緣因이 같았다.[25] 부여의 사상은 태양중심의 다신론으로 이해되며, 그들은 '바알' 신을 숭경하던 고대 페니키아인 또는 그 외 일반 셈종족계의 그것과도 같고, 파라오 치하에서 그 神人的 帝王을 敬仰하던 이집트인의 그것과도 다분히 공통되는 문화적 요인을 가졌다고 하였다.[26]

결국 민세는 부여가 '비' 또는 '비어'에서 유래되었으며, 그것이 종족명, 국가명, 하천명, 주신의 이름 등이 모두 같았다고 설명하였다. 이어 그에 대한 증명은 인류학적으로는 근세 아프리카의 흑인 및 아메리카 인디언, 오스트레일리아 지역의 후진 종족에서 동일한 일을 제시하였으며, 세계사적으로 앗시리아·고대 페니키아·셈족·이집트에서 문화적으로 유사한 일이 있었다는 점을 근거로 삼고 있다.[27]

이상의 상고사 전개를 간단하게 정리하면, 檀·奇 이전 數千百年의 歷史는 그 文獻이 너무 簡率하나 原生地로 믿던 곳에서 原始的인 社團生活로부터 村落政治를 겪고, 郡政治를 지나서, 原始的인 共産制가 終焉을 고하고, 私有財産과 領土와 主權 등 近代國家의 三要素가 성립됨에 미친 것은 명백하

25) 「앞의 글」, 106쪽.
26) 「앞의 글」, 108쪽.
27) 그는 「阿斯達과 白岳·平壤·扶餘辨 原生地를 중심으로 발전된 古社會」의 첫머리 말씀에서 앗시리아학과의 상호 공통성은 간소하나마 학계에 한 건의 시사를 주는 바인 줄로 여길 바라고 하였다(「阿斯達과 白岳·平壤·扶餘辨 原生地를 중심으로 발전된 古社會」 『朝鮮上古史鑑』; 『民世選集』 3, 56쪽). 부여에 대한 자신의 해석이 앗시리아와 상당히 유사하다는 것을 통해 확신을 얻었던 것 같다. 다만 그것이 앗시리아의 예에서 해석의 모티브를 찾았다면, 그의 음운학적 방식에 작위성이 있는 것이다.

였다. 이 近代國家 成立의 先驅를 이룬 것은 滿洲平野 松花江의 谷地에 그 근거를 잡은 夫餘였고, 거기서 分解된 高句麗의 成長을 필두로 百濟와 新羅가 건국되어 三國時代가 출현하였다고 하였다.[28]

민세의 상고사 연구의 특징은 地理考證이나 대외항쟁에 치중했던 고대사 연구시각에서 탈피하여 사회사를 바탕으로 한 정치사로 전환하고 있다는 점이다. 그의 독창적 사회사 이해의 틀을 이루고 있는 것은 이른바 '기·지·치' 이론이다. 그가 의존하고 있는 사회사 틀이 모건의 『고대사회』이론을 빌어온 것이지만, 그 틀을 기·지·치 이론을 가지고 설명함으로써 한국 사회의 보편성을 증명하려고 한 것은 고대사 연구의 시야를 확대하는 데 공헌했다고 할 수 있다.[29]

요컨대, 민세는 단군조선, 기자조선, 부여 등의 조선의 상고사를 연구하면서 자료의 부족을 언어학적 연구를 통해 극복하려 하였다. 따라서 고대의 국호·지명·인명 등을 해석하여 상고사에서 설명하였는데, 그 과정에서 인류학적 연구가 이용되었고, 세계사가 참고되었다. 특히 원시사회부터 국가의 형성기까지 인류의 발전과정을 탐구한 모오간의 『古代社會』가 기본적인 상고사 체계를 만드는데 큰 영향을 주었다.[30] 이어 그 이론을 바탕으로 진행된 상고사 연구 과정에서 활용

28) 「朝鮮最近世史」의 卷頭에 序함」「朝鮮日報」(1930.4); 『民世選集』 4, 238쪽.
29) 아울러 모건의 이론은 白南雲 같은 唯物論者들에 의해서도 이미 1930년대초에 받아들여진 바 있었지만, 안재홍은 이를 우파의 시각에서 수용함으로써 좌파와 다른 古代社會史 연구의 단서를 열어 놓았다고 한다 (韓永愚, 「앞의 논문」, 222~230쪽).
30) 사회과학서도 적지 않게 보고, 다소의 연찬을 하였노라고는 하겠으나, 옥중에서 탐독할 수 있었던 것은 루이스 모간의 『古代社會』이다. 나의 『朝鮮上古史鑑』이란 저작은 이 『古代社會』의 숙독에서 시작된 것이다(體哲學의 使徒가 되었다」「三千里」(1949.2); 『民世選集』 5, 102쪽).

된 언어학적인 방법은 그것이 우리에게도 적용될 수 있다는 것을 증명하기 위한 한 방식이었던 것 같다. 하지만 그것만으로는 자신의 논지를 확정할 수 없었기 때문에 세계사를 검토하여 우리 상고사와 유사한 점을 찾아내어 제시하였다.

어쨌든 당시로서는 최신의 인류학이론이라 할 수 있는 모간의 고대사회 이론을 원용하고, 비교언어학적 해석 방법을 도입한 위에 文獻考證을 시도함으로써 나름대로 역사과학의 수준으로 끌어올리려고 시도한 것은 높이 평가할 만하다.[31] 이처럼 외국의 학문에 대하여 열린 태도를 갖고, 다른 나라 또는 문화와의 차이 또는 같은 점을 발견하여 자신의 논지를 만들어가는 방식은 그의 정치사상에서도 그대로 나타났다.

3. 三國時代 이후의 서술과 보편성

민세는 인류학을 적극 수용하여 상고사 체계를 잡고, 세계사와의 비교를 통해 자신의 논지를 증명하는 학문적 방법을 사용하였다. 동시에 단군조선, 기자조선, 부여의 과정이 일정한 사회 발전단계를 거쳐 발전하는 것으로 인식하였다. 그

31) 韓永愚, 「앞의 논문」, 218~219쪽.

러므로 상고사의 발전은 '덩걸임금'의 군주적 신정시기와 산만한 국가조직을 거쳐, 신정기의 해체와 함께 각각 국한된 영역내에서 크치·큰지·한기 등의 대공의 지위로 分置割據하는 列國的 형태를 나타낸 기자국이 되었다. 이어 여러 세기를 거쳐 그 地域과 交通 등에 의한 社會·文化의 諸機構가 그중 하나의 크치국으로 자못 풍부한 農牧經濟에 의한 富力集中 및 人口의 번창 등을 오게 하여 스스로 한 단계 지위를 높였다. 그리하여 각각의 크치로 각각 그 국가적 기구의 확대 강화의 고도에 동무하여 비로소 다시 帝王的 尊嚴의 地位를 가져오게 되었다고 하였다.[32]

이와 같이 지배자가 제왕적 지위를 지니도록 높아지는 것은 정치의 고도화이며, 국가의 형성이었다. 그 가운데 고구려는 부여에서 발전 변화한 것이며, 한반도의 삼국은 삼한의 일정한 역사 발전의 결과였다. 月支國을 중심으로 百濟의 왕국이 새로이 생장 발전하여 말한國을 대위하였고, 진한의 都府를 중심으로 신라의 六部가[33] 후일 連綿千年하는 國基를 胚胎하며, 大加羅의 首露王은 洛東江口 일대 形勝의 땅을 둘러싸고 星山의 그것을 替代하여 훨씬 새로운 加羅聯盟의 체제를 정비한 것이었다고 하였다.[34] 그에 의하면 삼한은 본래 마한과 진한의 육부, 가야의 성산 가라가 중심 세력이었으나

32)「箕子朝鮮考 箕子朝鮮의 斷案」『朝鮮上古史鑑』;『民世選集』 3, 47~48쪽.
33)『民世選集』 4, 198쪽에는 大部라고 되었으나 六部가 옳은 것 같다.
34)「三韓國과 그 法俗考」(1937)『朝鮮上古史鑑』;『民世選集』 3, 198쪽.

뒤에 월지국, 육부, 대가야로 중심이 바뀌며, 다시 각각 백제, 신라, 가야로 발전해간다는 것이었다.

이러한 발전의 배경 원리는 지리의 형세와 사회·인문이 일정한 인구집중과 문화성장이 우세한 지위에까지 가면 후대에서 과학의 발전진보가 革命的인 物力的 變動을 일으키기까지는 항상 旣成한 中樞地帶를 중심으로 변동 및 발전의 길을 걷기 때문이라고 하였다.[35] 특기할만한 것은 삼한의 혁명적인 물력적 변동의 결과가 삼국이었다고 이해하는 점이며, 그 변화를 초래하는 요소로써 인구집중·문화성장·과학의 발전진보 등을 들고 있다. 그 가운데 과학적 진보가 물력적 변동을 일으킨다는 것은 분명 유물사관과 가까운 표현이었다.

한편 민세는 삼한의 발전 과정에서 나타난 몇가지 양태가 세계사와 유사한 것이었음을 강조하였다. 농업·원예 등이 일정한 산업경제의 단계에까지 달한 것을 비롯하여, 馬韓에서 蘇塗를 세워 天君을 제사함은 그 형식이 全北方系 人民의 공통성에 따른 것으로 '훈' 人들의 '蹄林: 훈족의 제사터(필자주)'과 같은 것이다.[36] 철을 생산하여 濊·倭 諸國과 시장을 열어 철을 화폐로 무역하는 등 기록을 실은 것은 近世國家의 體勢下에서 農工商事가 진보하는 도정에 있었으며, 마

35) 「앞의 글」, 198쪽.
36) 「앞의 글」, 202쪽.

한인의 풍속으로 魏志 馬韓傳에 기록된 '諸年少勇健者가 등껍질을 뚫어 커다란 끈으로써 꿰거나 한 길 정도의 나무로 꿴다' 라는 것은 남양 방면 미개종족의 古代社會的 형태와 공통된 바 있다고 하였다.[37]

아울러 '辰干(신구큰지)權攝敎務公 兼攝濆·臣·離·兒等 聯合列國公侯 弁韓·辰韓諸國大公' 을 해석하여 근세 영제국의 원수가 영국과 아일랜드 國王, 大브리튼 帝國 皇帝 이하 公侯王을 겸하고, 法王權과 海外領土와 印度帝國 皇帝 등을 兼攝함과 그 형식이 같은 것이다. 만일 古代 앗실로-바빌로니아시대의 예에서 보면 저 바빌로니아 고대왕조의 하나인 우르왕조의 '부르·신' 왕은 '偉大한 王, 우르의 王, 四境의 王' 을 일컬었는데, 四境은 곧 세계이므로, 사경의 왕은 세계의 왕을 말하며, 따로 대사제를 겸하였던 것과 같다. 따라서 신간이 즉 '대왕' 인 것은 명백하며, 이것도 人類史上 趣味 있는 한 典型을 감추고 있다고 하였다.[38]

민세는 蘇塗를 훈족의 제사터와 같은 것으로 이해하였고, 삼한의 고대무역을 국가형성 과정에서 나타나는 한 과정으로 인식하였으며, 마한의 풍속이 남태평양 지역 미개종족과 공통되었다고 하였다. 그리고 신간이 열국의 공후와 변한·진한 등 여러 나라 대공을 兼攝하였다는 것을 근대 영국 원

37) 「앞의 글」, 203쪽.
38) 「앞의 글」, 202쪽.

수가 영국국왕·브리튼 황제 등을 겸하는 것과 바빌로니아 고대 왕조인 우르 왕조의 왕이 세계의 왕이자 대사제를 겸한 것과 비교하고 있다.

고대 사회에서는 사회가 미분화되었기 때문에 한 사람이 여러 지역의 왕을 겸하며, 정치·종교 등의 일을 동시에 수행하는 일이 적지 않았다. 고대의 사례를 근대 영국의 것을 인용하여 설명하는 것은 형식상 유사성에도 불구하고 실제 지배방식은 크게 달랐으므로 적절하지 못하였다. 다만, 이처럼 한국 상고사와 고대사를 설명할 때 세계사와 유사한 사례를 제시하는 것은 민세가 실행하였던 역사 서술의 한 특징이었다. 그것은 자신의 주장을 합리화하는 동시에 독자들을 설득하기 위한 것이었다고 생각된다.

민세는 삼국이 등장하는 과정을 삼한의 발전이라는 것으로 설명한 것 이외에, 원시사회의 촌락정치가 변화 발전하여 나타난 것이라고 하였다. 예를 들어 백제의 담로는 馬韓에서 유래한 것으로, 마한의 '말한'이 主裁 및 宗主의 '마'루 또는 '마르'에 의함이요, 마루가 말과 관련 깊고 주재의 '府'가 '마을'이었다. 그러므로 政治結成體(실은 혈연공동체)의 고대적 형태에서 마을 정치 촌락정치가 한 과도단계로 되어 있고, 이 촌락정치도 실은 '말'인 (言)語 同一體의 血族 내지는 宗族集團의 政治的 具現인 것이다. '언어'와 '주재', '촌'락과 '府' 俉는 政治的 結成에 일관하는 文化的 中核이었다. 뒤에 백제의 담로는 촌락 정치의 유제로 '땀로' '딴무라' '딴마을'의 뜻이며, '別府 外府' 즉 '外方官府'이었다고 하였다.[39] 백제의 담로제도는 촌락정치의 유제를 보여주며, 촌락정치의 발전으로 백제국가가 만들어진 이후에는 지방 제도의 형태로 바뀌었음을 설명하였다. 따라서 담로를 통해 백제 국가 형성 이전의 촌락정치를 확인할 수 있다.

신라의 국가 형성도 촌락 정치의 발전과 관련되었다. 그것은 古代社會의 血緣的 組織體의 한 管領인 村落政治的 機構로부터 문득 都市國家 또는 都市聯合國家로서의 地域的 또는 地緣的 新組織으로 轉換 昻揚하는 劃期的 歷史段階를 비약한 것이었다. 신라 건국 설화에서 나오는 閼川楊山村 이하 新羅 六部가 각각 村落政治로써 발전되었다고 하였다.[40] 그리고 육부연합의 기록에서 血緣的인 共同體의 古代組織이 地域的인 都市聯合의 新形態로 되어 近世類의 封建國家의 源頭를 짓는 社會發展의 國際 공통적인 필연의 단계를 이 震域 독자적인 言語 法俗의 취향, 傳統의 형식에서 또렷한 原型대로 보게 되었다.[41]

신라의 건국과정을 정치 발전단계로 보면, 알천양산촌 등

39) 「百濟史總考」(1941) 『朝鮮上古史鑑』; 『民世選集』 3, 382쪽.
40) 「新羅建國事情考(附 六噱諮論)」(1937) 『朝鮮上古史鑑』; 『民世選集』 3, 133쪽.
41) 「앞의 글」, 147쪽.

의 촌락정치가 6부가 연합하는 지역적인 도시 연합으로 발전하였으며, 다시 소위 '近世類'의 封建國家가 등장하는 것이었다. 혈연 공동체가 지연 공동체로 변화하고 더 나아가 국가로 발전하는 보편사적인 과정을 신라의 건국 과정에서 찾아내고 있다.

민세는 이와 같은 정치사적 발전 과정을 경제사적인 관점에서 설명하고 있다. 斯盧後時代부터 동일한 隣接地에 並立하였던 6部族의 人民들은 그 上代에서 同一先祖에서 뻗어나온 同一血族團體의 分化한 機構로 믿어서 자못 친밀한 협동관계에 있었다. 그 후 社會經濟의 점진적인 變動은 드디어 그 人口의 繁盛과 歷史의 發展을 오게 하였고, 새로운 사정에 應할 더욱 긴밀한 聯合 및 統合이 이루어졌다. 대체로 數世紀 이래 農業技術의 進步 및 그 生産力의 發展 등은 이미 人口의 상당한 集中統制의 경향을 나타내어 일정한 都市國家로서의 존립하게 되었다. 그것은 氏族共同體 이래의 部族 및 部族聯合 등 血緣的 유대에 의한 구형태 조직의 토대로부터 地緣的 都市聯合的인 近世國家의 새로운 機構를 만들기 시작하였다고 하였다.[42]

그의 고찰에 의하면, 사로시대의 사회경제의 변동이 인구의 번성과 역사의 발전을 가져왔으므로 더욱 긴밀한 연합 및

42)「新羅職官考略─職官을 통해보는 社會史의 一面」(1937)『朝鮮上古史鑑』;『民世選集』 4, 151~152쪽.

통합을 위해 국가 형태가 등장하게 되었다. 이어 사회경제 변동의 배경 특히 인구 증가의 근본적 원인은 농업 기술과 생산력 발전이었다. 그 결과 이전의 혈연적 유대에 의한 조직을 대신하여 지연적 근세 국가인 신라가 건국되었다는 것이다. 우리의 고대사를 보편사적인 국가 형성과정과 견주어 규명하려했던 민세는 신라의 경우 비교적 잘 맞아떨어진다고 생각하였던 것 같다. 따라서「新羅建國事情考」의 첫머리인 말씀에서 스스로 '古代社會로부터 近世國家로 發展昂揚한 전과정을 명확히 구현한 점에서 주요한 史壇上의 문헌이 된다'[43] 라고 평가하고 있다.

그와 더불어 민세는 신라의 건국 과정을 고찰하면서 인류학의 수용이나 비교사적 방법을 잊지 않았다. 六部會議를 통해 박혁거세를 추대하는 과정은 마치 북미의 인디언인 이로코이 종족 등이 오논다카호반 등 여러 지방에서 항상 合部族聯合의 首長會議를 열어, 엄중한 의식의 거행과 함께 중요한 입법 행정적 사안을 議決해, 근대적 국가의 元老院 會議의 胚種을 이루는 것과 같으며, 고대사회에서의 역사적 단계성이 어디서나 대체로 동일했음을 표시한 것이었다고 하였다.[44]

게다가 고구려의 五部制는 비록 軍國戰陣的 조직이나 부

43)「新羅建國事情考(附六嶢評論)」(1937)『朝鮮上古史鑑』;『民世選集』3, 124쪽.
44)「箕子朝鮮考 箕子朝鮮의 斷案」『朝鮮上古史鑑』;『民世選集』3, 22쪽.

족연합이 생성된 과정을 여실하게 보이는 것이요, 백제의 오부제는 전연 고구려와 동질의 것이며, 신라육부의 민주적 회의정치는 모두 다 역사 사회의 전형적 발전과정을 설명하는 것이었다.[45] 신라의 蘇伐公을 議長으로 한 閼川岸上에서 六部族의 建國會議는 氏族共同體 이래 民主的인 立法行政의 회의 이름이며, 古代社會 人類 共通한 歷史的 段階性을 보여준다. 이것은 후세 '和白'으로 알려진 것으로, 부여·고구려 기타 제국에도 '諸加'의 評議 등 형식으로 모두 공통되며, 로마의 '겐트리아타', 몽고의 '크릴대' 등과 동일유형의 법제였다고 하였다.[46]

신라 건국과정과 박혁거세의 즉위는 인류학적인 연구성과인 이로코이족의 합부장회의와 같으며, 역사적으로는 로마의 '겐트리아타', 몽고의 '크릴대'와 동일 유형이었다. 그것은 '古代社會 人類 共通한 歷史的 段階性' 또는 '역사 사회의 전형적 발전과정', '고대사회에서의 역사적 단계성이 어디서나 대체로 동일했음'이라고 표현된 것과 같이 일정한 역사적 발전 단계에 이르면 동서고금을 막론하고 유사한 제도나 형식이 나타난다는 민세의 역사 인식에서 비롯된 것이었다. 이러한 史觀으로 인해 민세는 그 당시 다른 어떤 역사학자들보다 비교사적인 접근을 많이 했다고 생각된다.

45) 「『朝鮮最近世史』의 卷頭에 序함」『朝鮮日報』(1930.4);『民世選集』4, 238쪽.
46) 「新羅建國事情考(附 六噪評論)」(1937)『朝鮮上古史鑑』;『民世選集』3, 148쪽.

민세의 조선사 연구는 주로 상고사에 치중된 것 같다. 그
때문에 고려나 조선에 대해서는 그다지 깊이 있는 고찰을 하
지 않았다. 다만 신채호에 대한 회상을 하면서 국가 형성 이
후 지방세력에 대해 지적한 것이 있어 검토할 필요가 있다.
즉『고려사』성종 6년 9월의「改諸村大監弟監 爲村長村正」
의 기사에서 촌장 · 촌주로서의 따곱이란 것은, 고대사회 각
지에 분포하였던 각부족의 지배부류인 수장적인 자였다. 그
로부터 封建國家에서 地方諸侯的인 지위를 통과하여, 中央
集權的 社會經濟的 政治文化的 情勢가 자꾸만 變動됨에 따
라, 드디어는 中央의 卿相家인 班閥들로부터는 一種의 征服
된 地方的인 또는 土着的인 殘劣貴族으로서의 侮蔑된 存在
임을 상정하였다.[47]

　성종 6년에 촌장 · 촌주로 격하된 자들은 일찍이 고대사회
수장에서 출발하여 봉건국가의 지방 제후가 되었으나 중앙
집권적 경향에 따라 지방적인 또는 토착적인 잔열귀족으로
모멸된 존재였다고 한다. 신라의 건국과정에서 살폈듯이 촌
장 촌주는 건국을 주도하는 세력이었고, 그 이후 신라시대를
거치면서 지방제후로서 일정한 지위를 누렸으나 결국 중앙
집권화로 인해 그 지위가 격하되어 갔음을 논하고 있다. 민
세의 고대사연구가 신라의 건국 이후 고려초까지의 역사 서

47)「申丹齋 學說 史觀」
『朝光』(1936.4);『民世選
集』4, 252쪽.

술이 공백을 이루는 상태에서 그 발전 과정의 편린을 알 수 있는 의미있는 자료이다.

그나마 고려는 민세가 긍정적으로 파악한 우리 역사상의 마지막 왕조였다. 우리의 고대사나 고려사는 역사의 전개 양상을 인류학 이론이나 세계사와의 비교를 통해 가능한 시대 였으나 조선시대는 퇴영의 시대였다.[48] 일찍이 그가 역사는 항상 발전하는 것이 아니라 마이너스적으로 전락할 수 있다고 한 것이 바로 조선시대였다.[49]

민세가 이해하기에 삼국까지의 역사는 보편사와 대체로 일치하는 것이다. 그 다음 고려시대는 보편사와 비교하여 맞아떨어지지 않는 것이 많았지만, 외세와의 항쟁 측면에서 자주성을 지켜낸 왕조였다.[50] 또한 이 시대는 중국문화에 동화되지 않고 조선 고대의 문화적 사상적 주체성도 계승하였기 때문에 긍정적으로 평가할 수 있었다.[51] 그러나 조선은 여러 가지 점에서 비판의 대상이 되었다.

조선이 건국된 뒤 小國安分主義가 고정되어, 대외의 경쟁을 단념하여 친명정책이 굴종적으로 되었으며, 산업을 국내에 일으켜 舟車가 海外에서 항상 통하는 국민적 기풍은 좌절되었다. 儒教 偏重의 教化政策은 國風을 가벼이 여기고 崇外漢化的 경향을 促急케 하였고, 道學 偏重의 결과로 科學 技

48) 한영우의 견해에 의하면 안재홍은 한국사가 고대에서 근대로 오면서 퇴영의 길을 밟아왔다고 보는데, 이는 사회사적인 측면에서 그렇다는 것이 아니라, 국가사·민족사의 측면에서 그렇다는 것이라고 한다(韓永愚, 「앞의 논문」, 209쪽).
49) 「申丹齋 學說 史觀」 『朝光』 (1936.4); 『民世選集』 4, 245~247쪽.
50) 「國號私議」 『漢城』 (1948.7.6~9); 『民世選集』 4, 271쪽.
51) 「絕大한 新生의 陣痛」 (1935.5) 『民世筆談 民衆深化過程』; 『民世選集』 1, 502쪽.

術과 産業生利의 道를 전혀 賤視하게 되어 그 低下하는 형세
가 일찍 만회되지 않았다. 밖으로 漢土崇敬政策을 國家 萬年
의 안전한 長策으로 삼고, 안으로 苟安한 생활이 드디어 社
會的 因習으로 되니, 封建鎖國의 필연한 副産物은 그 所信本
位의 分散的인 經濟的 條件과 함께 家系本位의 私爭的 黨爭
이 최대 關心事로 되었다. 地方主義的인 산만한 의식이 人民
의 血管에 侵漸하게 되어 世界에서는 國際的 色盲化하고, 域
內에서는 家族至上的인 小市民化한 것이 漢陽朝 全時期를
통해 馴致된 大勢였다고 하였다.[52]

　일본의 식민지가 된 바로 그 왕조가 조선이었기 때문에,
조선왕조에서 패망의 원인을 찾는 것은 매우 당연한 것이며,
그런 점에서 신채호 등과 크게 다르지 않았다. 따라서 민세
는 「우리 民族性의 病幣」라는 논설에서 殘劣과 偏頗가 너무
지나친 근세조선의 사회상을 서술하고 그 영향이 현대에까
지 미쳤음을 서술하였다.[53] 이처럼 민세는 조선의 역사과정
에 대해 매우 비판적이었으며, 이에 대한 반성이 필요함을
역설하였다.[54]

　조선시대 언론의 측면도 비판 대상이었다. 君主臣權과 封
建貴族의 專制政治를 타파하고 第三階級의 등장을 그 주요
조건으로 한 資本主義 發生期의 정치제도에서, 보다 더 '自

52) 「『朝鮮最近世史』의
卷頭에 序함」『朝鮮日報』
(1930.4); 『民世選集』 4,
240쪽.
53) 「우리 民族性의 病弊」
(2) 『朝鮮』(1935.5); 『民
世筆談 : 民衆深化過程』;
『民世選集』 1, 493쪽.
54) 박찬승, 「1930년대
안재홍의 민세주의론」, 정
윤재외, 『민족에서 세계로
민세 안재홍의 신민족주
의론』, 鳳鳴, 2002, 70～
71쪽.

由'를 그 생명의 標幟처럼 하였다. 自由가 議政壇上에서 庶
民 대표자의 國政 評議를 그 最上의 樣式으로 삼는 言論의
自由로써 잘 표현되었다. 그러나 그 언론이 근대 데모크라시
의 소위 「人民의 人民 때문에, 人民에 의해서의」 正常的인
言論은 아니고 偏狹苛烈한 黨派的 局見에서 게다가 현실을
제대로 보지 않고 공연한 辨駁이었던 데서, 高麗末期에서 漢
陽朝 五百年을 통하여 社會 民國을 蠱毒하는 일 原由로 되
었다고 하였다.[55] 조선시대를 봉건시대에서 자본주의 시대
로 이행하는 시기였다고 이해하고, 자유 언론이 발달되어야
했으나 오히려 臺諫과 政府가 한갓 口舌로 頡頏하여 傾軋과
紛爭의 弊習을 뿌리깊게 社會習癖化하였다고[56] 보았다.

　민세의 조선에 대한 부정적인 관점은 조선의 정치·경
제·사회·사상 등의 제 측면이 보편사와 달랐다고 파악하
는 데서 출발하였다. 인류학적 또는 세계사적 유사성을 통
해 자신의 논지를 증명했던 고대사와 달리, 조선의 역사는
史的 比較 그 자체가 조선의 특수성과 후진성을 부각하게
되는 것이었으며, 보편사적 역사서술은 한계에 이를 수 밖
에 없었다.

55) 「우리 民族性의 病弊
(4)」『朝鮮』(1935.5); 「民
世筆談 : 民衆深化過程」;
『民世選集』1, 499쪽.
56) 「앞의 글」, 501쪽.

4. 유물사관의 이해와 신민족주의

　이상에서 민세가 조선사 연구에서 인류학을 적극 수용하였고, 보편사적 발전을 조선사에도 적용하려고 시도하였다는 점을 밝혔다. 민족주의자였던 그가 이처럼 보편적인 이론을 받아들였다는 것은 특이한 점이었다. 하지만, 고대사와 달리 實證的으로 보편사와 조선시대는 맞아떨어지지 않는 측면이 많았다고 보았기 때문에 민세는 민족주의 사학의 입장을 견지하게 되었다. 그렇다면, 민세는 역사의 보편성 이론에 상충되는 조선사의 특수성에 대해 어떻게 합리화했을까.

　민세는 유물사관에 대해 좋은 이미지를 가졌던 것 같다. 1936년에 그는 옥사한 신채호를 회고하면서 '現代의 史學者로서 가장 進步한 科學的 社會經濟史觀的 眼識을 가지지 않은 것은, 혹 白玉의 티었다'고 지적하였다.[57] 이것은 사학자로서 丹齋의 한계를 지적하는 것이며, 동시에 唯物史觀에 대해 긍정적인 입장이었음을 알려준다.

　실제로 그는 자신의 政治理論이 레닌주의와 수종의 唯物史觀 등의 熟讀과 각종 史書의 涉獵에서 얻은 새(緯)와 나의 실천의 생애를 통하여 얻은 체험을 날(經)로 삼아 생성되었

57) 「申丹齋 學說 史觀」 『朝光』(1936.4); 『民世選集』 4, 253쪽.

다고 한 바 있다.[58] 이처럼 적어도 유물사관에 관한 여러 책자를 읽었고, 그것이 은연중에 민세의 역사서술에 영향을 끼쳤다고 생각된다.

게다가 민세가 한창 조선 상고사에 몰두하고 있던 즈음에 식민지 시대 대표적인 사회경제사자인 白南雲이 『朝鮮社會經濟史』를 발간하였으며, 그 책은 사적 유물론의 입장에서 조선사회가 원시공산제, 고대노예제사회, 집권적 봉건사회, 이식자본주의사회 등 일원론적 발전을 했다고 주장하였다.[59] 백남운이 이 책을 저술하게 된 가장 큰 이유는 일본제국주의가 조선의 지배를 합리화기 위해 날조한 식민주의 사관 가운데 특히 정체성을 극복하기 위한 것이었으며, 충분히 유효한 점이 있었다.

이처럼 민세 자신이 레닌주의와 유물사관에 호감을 가졌고, 당시 유물사관적인 입장에서 조선사의 편찬이 이루어지는 등 사회적 분위기의 영향으로 인하여 민세의 역사학도 유물사관에 경도될 가능성이 많았다. 그래서인지 민세는 조선사를 서술하면서 '사회발전의 일정한 단계에 이르면 필연적으로 「自由」를 그 생활태도의 필수한 조건으로 삼게 되는 것이다',[60] '근세류의 봉건국가의 源頭를 짓는 사회발전의 국제 공통적인 필연의 단계'[61] 등과 같이 유물사관적인 표현을

58) 髑髏哲學의 使徒가 되었다」『三千里』, 1949.2; 『民世選集』 5, 102쪽.
59) 白南雲, 『朝鮮社會經濟史』, 改造社, 1933, 序文
60) 「우리 民族性의 病弊 (4)」『조선』(1935.5); 『民世選集』 1, 499쪽.
61) 「新羅建國事情考(附六喙評論)」(1937) 『朝鮮上古史鑑』; 『民世選集』 3, 145쪽.

자주 사용하였다.

또한 '과학의 발전진보가 혁명적인 物力的 變動을 일으킨다'[62] 라거나 '과거를 검토하는 데에는 사회발달의 여러 단계에서 物力的 作用이 어떠한 경로를 지나왔는가를 구명함이 매우 필요한 것이다'[63] 라고 표현한 것도 있다. 역사의 필연성이나 사회발전의 물력적 작용을 언급하는 것은 일원적 발전론에 입각한 유물사관의 영향을 받았음을 알 수 있다.

하지만, 민세는 유물사관적인 역사 연구 방법론을 수용하면서도 끝내 민족주의적인 입장을 버리지 않았던 것 같다. 그에 의하면 歷史發展의 全途程에 두가지 큰 동력이 있었다. 그 하나는 社會變遷의 客觀的 必然性으로서 이른바 自然生長性이다. 이는 自動推進性이라고도 규정할 것으로, 반드시 向上生長만을 가져옴이 아니어서, 때로는 전혀 마이너스적으로 轉落케 한다. 다른 하나는 이러한 客觀的 必然의 情勢에 적응하는 主觀的 當爲性 혹은 目的的 意識性으로 설명되는 것이니, 必然性과 當爲性, 時代의 動力과 人物의 努力 둘이 만나서 비로소 모든 歷史的 大作業을 성취하는 것이었다.[64]

민세는 역사가 항상 발전한다는 유물사관의 입장과 달리 때로는 퇴보 마이너스적으로 전락할 수도 있다고 파악하였

62) 「三韓國과 그 法俗考」(1937) 『朝鮮上古史鑑』; 『民世選集』 4, 198쪽.
63) 「檀君과 朝鮮史 學徒로서 가질 態度」 『朝鮮日報』 사설(1930.7.5); 『民世選集』 4, 85쪽.
64) 「申丹齋 學說 史觀」 『朝光』(1936.4); 『民世選集』 4, 245~247쪽.

다. 역사의 퇴보는 민세가 부정적으로 인식하던 조선시대를 염두에 둔 것 같다는 점은 이미 지적한 바 있다. 그와 함께 역사를 발전시키는 것으로, 객관적 필연·자연생장성·자동추진성·생장·필연성·시대의 동력이라는 보편적인 요소와 더불어 주관적 당위성·목적적 의식성·인물의 노력이라는 특수한 요소를 들었다. 따라서 역사가 일원적이거나 획일적인 것이 아니며, 보편적인 발전 속에서도 각 민족이나 국가의 특수성으로 인해 다양한 양상이 나타날 수 있었다.

민세는 그러한 예를 「絕大한 新生의 陣痛」이란 글에서 다음과 같이 들었다. 後進落後한 현대의 朝鮮은 마치 北國 高原의 節侯의 행진에서처럼 먼저 핀 꽃이 結實할 새없이 뒤의 꽃이 벌써 그 豪華를 자랑하게 되니 그 싹트는 자 생성하기 어렵고 왕왕 무자비한 風雷를 만나 그들에게 善美만을 責하기 어렵다. 그러나 客觀의 必然을 탓하여 그 의식적 노력을 멸시하는 자는 경제적 宿命論者라는 과오에 빠지는 것이다. 우리들의 識者와 血性있는 청년들은 이 時勢의 不利를 그대로 인식하는 채로 서로 더불어 民衆的 深化의 의식적 노력에 주력해야 하는 것이다.[65]

65)「絕大한 新生의 陣痛」(1935.5)「民世筆談 : 民衆深化過程」;「民世選集」1, 503~504쪽.

이어 이 글의 필자후기에서 '白頭山 高原의 봄 여름 가을이 한꺼번에 닥쳐오는 自然의 現象을 빌어, 後進社會인 朝鮮

에 民族的 覺醒, 民主革命, 社會革命이 아울러 일어나야 하게 되었으되, 민족 자주독립의 역사적 단계성의 강고히 요청됨을 역설하려고 하면서도, 혹심한 탄압 아래에서 서둘러서 표현한 고심이 볼만하다'고[66] 하였다. 민세는 당시 조선의 현실이 본래의 후진성에 덧붙여 문화침식의 억압정책이 겹쳐져 특수성을 띠게 되었으며, 그로 인해 역사적 특수성이 나타날 수 밖에 없었다고 보았다.[67]

계절의 예를 든 것은 봄 여름 가을 겨울의 계절이 순서에 따라 진행되듯이 고대노예제사회, 봉건제 사회, 자본주의 사회, 사회주의로 변화하는 일원론적 발전 과정을 말한 것이다. 민세는 이러한 순서의 변화는 맞지만, 상황에 따라 특수하게 나타날 수 있다는 것이다. 즉 날씨가 따뜻한 평지와 달리 높은 고원 지대에서는 계절의 변화가 한꺼번에 일어나는 것처럼, 사회의 변화도 주요한 역사적 변동이 거의 동시에 일어날 수 있다는 것이다.

그런데 민세가 여러 단계의 문화가 동시에 중층적으로 나타난다고 했을 때,[68] 정작 강조하는 것은 계절의 변화가 순서대로 있다는 것이 아니라 백두산 고원이라는 특수한 사정이었다. 그는 '古人들은 흔히 程朱의 學에 맹목으로 추종하고 직역으로 降參하는 자 많더니, 今人들은 혹은 외국의 좌

66) 「앞의 글」, 504쪽.
67) 박찬승, 「앞의 논문」, 68쪽.
68) 박찬승, 「앞의 논문」, 69쪽.
한영우는 안재홍이 민족주의 입장에 서면서도 계급문제의 중요성을 부인하는 것이 아니기 때문에 민족과 계급의 두 과제를 중층적이고 병존적인 것으로 받아들였다고 하였다.(韓永愚, 「앞의 논문」, 213쪽).
한편 박한용은 서구의 근대가 시간적 격차를 두고 계기적으로 두가지 형태로 진행 발전하고 있었고, 자본주의와 공산주의라는 근대의 병존성 안재홍은 重層並存性으로 표현 이었는데, 두 개의 근대가 존재한다는 것은 서구가 달성한 근대의 두 양상이 불완전하며 각각 그 내부에 한계가 있다는 것을 의미했다고 한다(박한용, 「안재홍의 민족주의론; 근대를 넘어선 근대?」『韓國史學報』 9, 2000; 『민족에서 세계로 민세 안재홍의 신민족주의론』, 2002, 215쪽).

익 라는 언론에 맹목으로 추종하는 자 많아, 그 경우와 역사
와 현실의 정세란 것이 같되 다른 眞鏡 秘義를 미처 모르는
자 적지 않다.' 라고[69] 一喝한 것에서도 알 수 있듯이, 유물사
관의 맹목적인 수용을 비판하였다. 두가지 비유는 모두 일관
된 것으로 조선에서는 유물사관의 보편적 적용보다는 특수
한 사정의 고려가 중요하다는 점이다.

그러므로 민세는 당시 사회주의자들이 역사의 보편성만을
강조하는데 대하여 보편성과 특수성을 동시에 살펴야 한다
고 주장하였다.[70] 그에 의하면, 人類發達의 歷史는 반드시,
동일한 文化的 胚種과 동일한 사회적 단계를 밟아 社會經濟
的 機構가 일정한 단계에 이르러 어김없이 一定 類型의 사회
문화적 段階를 나타내며, 이것은 人類文化의 普遍相이고, 역
사발달의 國際性인 것이다. 그러나 그 過程의 實質에서 스피
드的인 것과 緩慢한 것의 차이가 있고, 그 適用의 방법에서
老鍊한 것과 粗率한 것이 있으니, 이것은 그 風土 仁情 歷史
傳統이 결코 機械的 均一일 수 없기 때문이다. 이것은 상식
적인 것이나, 매우 玄妙難澁한 理義가 아니지만, 對地適應的
인 一元多樣의 國際性이 아니었다. 國際性은 天下一律이 아
니며, 特殊性은 孤立唯我가 아닌 것이니, 天下의 理勢가 언
제부터나 固執 滯될 수 없는 것임을 착안하여야 할 것이

69) 「讀書開進論 一生을
일하고 一生을 읽으라」
『民世選集』 5, 73쪽.
70) 박찬승, 「앞의 논문」,
67쪽.

다.[71]

여기서 주목되는 표현이 일원다양성이다. 역사발전 과정
은 일원적인 것이지만, 각 나라와 민족에서 발현되는 형태는
다양할 수 밖에 없었다는 뜻이다. 민세는 인류보편적 발전을
의미하는 一元이라는 것보다는 다양성을 강조하였다.[72] 민
세의 일원다양성은 '보편은 개별을 통해 특수하게 발현'한
다는 변증법적 논리를 연상시킨다. 민세는 歷史的 一渡性이
란, 세계사는 일정한 발전단계가 있지만, 각국의 지리적 조
건이 각 나라마다 다른 시간대에 교차되면서 구체적으로 발
현하는 역사발전의 단계와 그 형태는 각기 다르다고 하였
다.[73]

사회경제적 기구가 일정단계에 이르러 일정 유형의 사회
문화적 단계를 나타내는 것이 보편성이며 국제성이다. 그러
나 실제 발전과정이 똑같지 않아 발전의 속도에 차이가 있는
등 다르기 때문에, 보편성이나 국제성이 전세계에 모두 공통
되지 않을 수 있었다. 그런 점에서 民族主義가 서구에서는
19세기의 遺物이라고 하더라도 조선의 現實에서는 宣揚과
醇化를 필요로 하는 當面의 중요한 懸案이 될 수 있다고 하
였다.[74]

서구 근대의 관점에서 보면 민족적인 것이 역사적으로 이

71) 「國際連帶性에서 본
文化特殊過程論」 『朝鮮』
(1936.1): 『民世選集』 1,
565쪽.
72) 박찬승, 「앞의 논문」,
68쪽.
73) 박한용, 「앞의 논문」,
218~219쪽.
74) 「國際連帶性에서 본
文化特殊過程論」 『朝鮮』
(1936.1): 『民世選集』 1,
565~566쪽.

미 시대 늦은 19세기 유물일지 몰라도, 조선의 현실정치적인 과제로서는 아직 그 선양 및 순화를 요하는 당면 중요한 현안으로 민족주의가 고취가 필요하다는 것이 민세의 주장이었다.[75] 이와 같이 식민지 시대에 이루어진 민세의 조선사 연구는, 단순히 역사 연구에 그치는 것이 아니라 민족주의와 연결되었고, 나아가 해방 이후 신민족주의론의 근거가 되었다.[76]

민세의 조선사 연구에서 신민족주의 사상으로까지 승화되는 과정의 첫 출발점은 보편사의 조선사와의 접목이 실패한 것이었다. 세계의 여러 민족과 국가들이 보편적으로 동일한 역사 발전 단계를 거친다해도 민족과 국가에 따라 각 단계에 이르는 빠르고 늦음의 차이가 있는데, 민세는 조선사에서 그러한 특수성이 있다는 사실을 확인하였다. 그것은 식민지 시대 사회주의자와의 비판에 대한 대응 논리를 찾은 것이기도 하였다. 보편적인 발전을 주장하는 사회주의자들과 달리 조선의 독립을 강조하는 민족주의의 입장에 섰던 민세는 조선사의 특수성을 더 중요시 여겼기 때문이다.

그는 社會科學 · 唯物史觀 · 唯物辨證法 · 階級鬪爭 · 革命的手段 등 허다한 科學的 把握認識을 강조하고 있다고 하더라도, 하나의 機械的 公式 또는 수입된 旣成의 革命理論의

75) 박한용, 「앞의 논문」, 222쪽.
76) 金容燮, 「앞의 논문」, 483쪽.
韓永愚, 「앞의 논문」, 210~213쪽.
특히 김용섭은 민세가 사회경제사학의 한 계열이 계급사관을 강조하고 공식론으로써 우리의 역사를 처리하고 있음을 비판하고 있었다고 한다. 민세는 계급사관에서 제기한 문제가 우리 역사의 일부를 형성하는 것임을 인정하기는 하지만, 우리 민족의 역사는 보다 더 넓은 안목으로 다루어져야 할 것임을 강조하고 있었으며, 그것을 신민족주의 이론으로서 전개하였다고 한다.

이식 형태를 벗어나지 못하는 한, 그것은 도리어 唯物辨證法에서 脫落 化石化된 일종의 '形而上學的 扮飾化'한 것에 지나지 않았다고 보았다.[77]

민세는 역사의 기계적 공식론을 부인하는 대신 각 민족·국가별로 나타나는 다양한 변화의 요소에 주목하였다. 人類生活의 全分野에 있어, 또는 社會發展의 根本에 있어, 經濟的 諸條件 즉 生産關係는 위대한 작용을 하고 있다. 그러나 歷史的 段階性이 각각 다른 아직 國際的 單一化하지 못한 現下 諸國民의 사태를, 어느 一個國에 적용된 經濟的 唯物史觀의 테 안에 一律로 들어맞춰 규정하고, 그에 입내내어 해결지으려고 하는 것은, 큰 歷史的 過誤의 出發點이 된다. 각 국민의 歷史上의 運命(宿命은 아님)은, 다만 經濟的 唯物史觀 외에 첫째, 風土自然, 둘째, 客觀的으로 강요되는 古來 및 現在의 國際的 制約關係, 셋째, 이 兩者로써 허구한 동안 薰成된 社會因襲的 諸條件 등에 따라 조건짓게 되는 部面 자못 많다.[78] 이러한 점에서 現段階의 朝鮮社會는, 經濟的 唯物史觀만으로 다루어 치울 수 없는 科學的 論理가 있었다고 하였다.[79]

민세는 경제적 제조건인 생산관계가 위대한 작용을 하지만, 경제적 유물사관의 테두리 안에서 일률적으로 규정하고

77) 『韓民族의 基本進路 新民族主義 建國理念』(1948.10 강연, 1949.5 간행); 『民世安在鴻選集』 2, 지식산업사, 1983, 358쪽. 민세의 역사관과 신민족주의와의 관련성이나 신민족주의론이 보는 한국사 인식을 잘 드러내줄 수 있는 문건으로 1945년 9월에 쓴 『신민족주의와 신민주의』가 있다. 그러나 『한민족의 기본진로』가 다소 후대이며 민세가 해방공간에서 경험한 것들이 함께 포함되어 저술한 것으로 판단되어, 이 글을 중심으로 파악하고자 하였다.
78) 『앞의 책』, 359쪽.
79) 『앞의 책』, 360쪽.

80) 김인식은 안재홍의 유물사관을 종합적 유물사관이라고 규정하고 다음과 같이 설명하였다. 민세는 역사발전에서 인간의 '도덕적 충동' '목적의식성'을 매우 중시하였다. 의식 도덕 목적의식성은 그의 역사관을 구성하는 핵심 요소이며, 그가 주장하는 綜合的 唯物史觀이 궁극에서 史的唯物論이 아님을 증명한다. 안재홍이 역사발전의 동력을 보는 시각은, 그의 역사관이 최종 귀결된 종합적 유물사관의 중요한 부분을 구성하며 크게 다음과 같은 세가지 특징이 있었다. 첫째, 사회발전에서 토대＝생산관계의 규정력만을 일률로 강조하는 경제적 유물사관을 반대한다. 둘째, 안재홍은 "物心의 二元世界와 그 一元化에의 人類의 努力의 歷史"를 보려는 시각을 바로 '종합적인 유물사관'이라고 규정하였다. 셋째 역사발전의 동력으로서 사회변동의 객관적 필연성을 인정하였지만, 역사발전의 기본동력을 인간의 '의식적 노력'에서 찾았다. 이러한 면에서 '종합적 유물사관'이라 함은 바로 인간의 의식 도덕의 노력, 즉 目的意識性이라 할 수 있는 도덕적 충동을 역사발전의 동력과 제일의적 요소로 강조하는 역사관이라 할 수 있다. 아울러 안재홍은 "量은 一定의 限界에 있어서 質로 變化하며 이

거기에 흉내내어 해결지으려는 것을 과오라고 하였다. 이것은 白南雲의 『朝鮮社會經濟史』나 『朝鮮封建社會經濟史』와 같은 公式論의 직접적 적용을 비판한 것이다. 민세는 보편성이 역사를 이해하는 데 필요한 것이지만, 그 보다는 풍토와 자연, 민족이 처한 국제관계, 사회적 인습 역시 중요한 요소로 평가해야한다고 하였다.

이와 같은 유물사관에 대한 논리적 비판에 근거하여, 민세는 공식론이나 기계적 발전론에서 자유로워 질 수 있었다. 따라서 그가 말하는 소위 '종합적 유물사관'은 마르크스나 엥겔스, 레닌의 그것과는 상당히 달라져 인간의 목적의식성 등 관념적 요소가 사회 변화를 이끌어낼 수 있다고 하였다. 특히 애국적인 지도자(비판적 지성)들이 공작하여 '양에서 질로' 비약적인 발전이 이룩해야 가능하다고 믿었다.[80] 이와 같은 주장은 더 이상 유물사관이라고 할 수 있다. 왜냐하면 사회주의 도래의 필연성을 물질적 토대의 변화를 통해 증명하는 것이 유물사관 또는 사적 유물론이기 때문이다.

그와 더불어 사회주의 혁명론에서 벗어나 階級鬪爭을 止揚하는 新民族主義論을 전개하게 되었다. 당시 현실은 계급 간의 갈등을 초래하는 사회주의 혁명 단계가 아니라 조국의 독립이 완전히 실현되지 않은 상태이기 때문에, 외세를 몰아

내고 자주 독립국가를 건설하는 것이 중요하였다고 하였다. 그리고 그러한 방법이나 논리적 근거를 우리 역사 속에서 찾았다. 임진왜란에서 대다수 국민들이 계급을 초월하여 국민적 협동투쟁을 한 것처럼, 엄정한 경제적 토대에 의한 계급대립·분열투쟁이란 것이 거의 소멸된 상태인 조선에서, 국민적 총결합이 요청되었다.

요컨대, 민세는 유물사관에 대해 호감을 갖고 있었기 때문에 실제 역사 서술에도 유물사관적인 용어를 많이 사용하거나 역사 발전의 객관적 필요성을 역설하기도 하였다.[81] 실제로 민세는 조선사 연구에 있어 인류학적 지식을 이용하여 고대사의 틀을 만들고, 그것이 올바르다는 것을 세계사와의 비교를 통해 확인하였다. 그러나 고대사 이후의 조선사는 보편사와 자못 다른 바가 많았고, 특히 朝鮮時代史는 여러 가지로 부정적이며 퇴영적인 측면이 많았다고 파악하였다.

결국 민세는 조선사의 연구를 통해서 유물사관의 틀을 조선사 전체에 그대로 적용할 수 없다는 점을 깨달았고, 우리 민족·국가의 특수한 사정을 반영하지 못하는 유물사관에 대해 비판하였다. 그가 해방후 사회주의나 공산주의를 부정하고 신민족주의를 주장한 이론적 근거의 하나는 바로 이러한 조선사 연구 경험이었다고 할 수 있다.[82]

變化는 飛躍的으로 행하여진다"는 마르크스의 지적이, 비단 계급투쟁과 같은 사회혁명에 한정되는 법칙이 아니라고 다시 지적하였다. 그는 변증법적 유물론에서 말하는 '量에서 質로 비약적 발전'을 꾀하는 과정을 인간의식의 노력이라는 측면에서 해석하였다. 안재홍은 마르크스가 지적한 말을 인용하면서 "歷史를 支配하고 있는 客觀的이며 外部的인 여러 가지 힘을 人制는 人間自身의 統制밑에 服從하게" 하는 단계까지 역사가 발전하여야 하는데, 이는 애국적인 지도재(비판적 지성)들이 공작하여 '양에서 질로' 비약적인 발전이 이룩해야 가능하다고 믿었다. 그가 내세운 종합적 유물사관에서 역사발전의 주요한 동력으로 규정한 목적의식성은 바로 지도재(비판적 지성)의 이념 행위를 뜻한다(김인식, 「안재홍의 신민족주의 이념의 형성과정과 조선정치철학」 『韓國學報』 94, 1998).
81) 박한용은 민세의 종합적 유물론 또한 같은 맥락에서 파악할 수 있다고 한다. 민세는 마르크스의 유물론과 계급투쟁을 인정하면서도, 각국에는 특수한 사정과 다양한 변화의 모멘트 가장 중요한 것은 대외 관계, 즉 민족과 민족의 항쟁 가 있다고 보았다. 역사발전의 원동력으로 계급투쟁이나 경제적 토대 뿐만아니라

그 밖의 물질적 요소들을
고려하고 심지어는 정신
적 가치도 배려한다는 점
에서 종합적 유물론자로
자처했다. 결국 마르크스
의 유물사관의 부정이면
서 동시에 그에 대한 어
색한 화해였다고 평가하
였다(박한용, 「앞의 논문」,
233~234쪽).
82) 민세가 식민지 시기
에 행했던 조선사 연구의
가장 큰 특징은 비교사적
방법의 이용과 보편사적
발전에 대한 조선사의 적
용이었다. 그럼에도 불구
하고 비슷한 시기 조선사
를 보편사적 발전의 틀
속에 그대로 적용했던 백
남운과는 매우 다른 입장
에 있었다. 민세는 조선사
연구를 통해 고대사에서
는 보편성을, 조선시대사
에서는 특수성을 발견하
였다. 특히 조선시대의 역
사는 보편사와 다른 점
많았고, 발전이 아니라 퇴
영하는 시기였다고 파악
하였기 때문에 보편적 역
사 발전의 틀에 그대로
꿰맞추는 것은 불가능하
다고 파악하였다. 두 사람
이 모두 유물사관의 원리
를 조선사에 그대로 적용
하려 했던 백남운과, 그것
을 이해하면서도 조선의
특수한 사정을 강조하였
던 안재홍은 당시 대표적
인 역사학자로서 사회주
의자와 민족주의자 사이
에 있었던 사관의 차이를
그대로 보여준다. 그것은
더나아가 현실적 정치이
념에서도 구별되었는데,
전자는 민족주의자로서

한편 역사 발전의 원동력으로서 인간의 의지를 강조하는 관념론자였던 민세가 인류학과 세계사적 지식을 자신의 논지를 증명하는데 활용하였고, 유물사관에 의거한 역사의 일원적 발전론과 사회주의 혁명론을 비판하기 위해 유물사관의 논리를 이용하였다는 것은 당대 민족주의자와는 구별되는 점이었다. 외래의 문화나 사상에 대해 포용적인 태도를 취하는 열린 민족주의자였던 그의 면모를 확인하게 한다.

5. 맺음말

민세는 일찍부터 상고사에 대한 관심이 높아 사회언어학적인 방법을 이용하여 창의적인 연구 성과를 내놓았다. 특히 고대사회에서 국가의 형성까지를 인류학적 입장에서 연구하였던 루이스 모건의 『고대사회』에서 사회 발전 단계를 참고하여 한국 고대사의 틀을 만들었다. 그러므로 단군조선, 기자조선, 부여, 삼한, 삼국의 역사적 전개를 단순한 지도자나 왕조 변화로 이해하지 않고, 사회경제적인 발전의 결과이며, 정치형태의 고도화 과정이었다고 설명하였다.

한편 방법론적으로 자신의 논지를 증명하기 위해 우리 고대사와 양상이 비슷했던 세계사적인 사실들을 제시하였고, 그것을 통해 독자들을 설득하려고 하였다. 이처럼 서구학문인 인류학을 폭넓게 수용하고 세계사적인 관점에서 조선사와 비교했던 점은 그 이전의 조선사 연구 경향과 분명히 다른 것이었다. 조선 고대사는 사회가 덜 발달한 상태이고 사료가 매우 적었기 때문에 인류학을 참고하여 발전의 틀을 세우고, 세계사와 비교하여 증명하는 방식은 적절했으며, 그러한 경향이 지금도 활발하다는 점에서 선구적인 측면이 있었다.

그리고 민세가 조선 상고사에 깊은 관심을 가졌던 이유의 하나는 '특수한 조선의 탐구'는 '조선 고유의 것에 대한 탐구' 이었기 때문이다. 조선의 상고는 유교와 같은 외래 사상에 오염되지 않은 '민족 순수의 시대'였고 일본인이 비난해 마지 않는 '半島人'의 속성이 없는, '대륙적 기상이 넘치던' 민족성의 원형질이 담겨 있었다.[83] 즉 이 시기에서는 보편적 역사 발전을 적용할 수 있을 뿐 아니라 우리 고유의 자주성과 고유성을 찾을 수 있었다.

그런데 문제는 고대사 이후였다. 고려시대를 거쳐 조선시대에 이르는 조선사는 고대사와 달리 인류학을 참고하거나 보편사적인 발전을 적용하기는 어려웠다. 고대사와 비교해

조선의 자주독립을 우선 시하였던 데 반해 후자는 사회주의자로서 사회주의 혁명을 주장하게 되었다.
83) 박한용, 「앞의 논문」, 225쪽.

서 자료가 훨씬 많았던 고려·조선시대상은 세계사와 다른 점이 많이 보였다. 특히 민세는 조선시대를 퇴영적이며 부정적인 시대로 인식했고, 우리 민족의 병폐가 만들어진 때였으므로, 발전은커녕 식민지화의 계기 또는 원인을 제공한 시기였다고 판단하였다. 때문에 민세는 唯物史觀에 대해 호감을 갖고 적지 않은 지식을 축적하였으며 실제 역사서술에서 유물사관적인 용어를 사용하였음에도 불구하고, 유물사관에 입각하여 조선사를 서술할 수 없었다.

대신 조선사의 발전 과정에서 나타난 조선사의 특수성이나 다양성을 발견하였다. 객관적 필연·자연생장성·자동추진성·생장·필연성·시대의 동력이라는 보편적인 요소와 더불어 주관적 당위성·목적적 의식성·인물의 노력이라는 각 민족에서 생겨나는 특수한 사정들을 강조한 것도 그 때문이며, 客觀의 必然을 탓하여 그 의식적 노력을 멸시하는 자를 경제적 宿命論者라고 비판하였던 것이다.

하지만, 민세가 특수성을 강조한다고 해서 보편적인 발전을 완전히 무시한 것은 아니었다. 그것은 '白頭山 高原의 봄 여름 가을이 한꺼번에 닥쳐오는 自然의 現象을 빌어, 後進社會인 朝鮮에 民族的 覺醒, 民主革命, 社會革命이 아울러 일어나야 하게 되었으되, 민족 자주독립의 역사적 단계성의 강고히 요청됨을 역설하였다' 는 그의 말에서 알 수 있다. 자연의 원리는 봄, 여름, 가을, 겨울의 4계절이 순서에 따라 변화하는 것이지만, 고원이라는 특수한 사정에서는 계절의 변화가 거의 동시에 이루어질 수 있다는 것이다.

이처럼 민세는 원시공산제, 노예제, 봉건제, 자본제, 사회주의 사회로 진행하는 유물사관의 발전 과정을 인정하되, 당시 조선의 특수한 사정으로 인해 사회주의 혁명이 아닌 민주혁명이 이루어져야 한다고 생각하였다. 민세의 신민족주의가 사회주의 혁명보다는 민족의 독립을 강조하고 있는 것은 이와 같은 조선사 연구에서 찾아낸 特殊性 또는 一元多樣性의 인식에서 비롯되었다. 거기서 더 나아가 조선사 속에서 여러 가지 사례를 찾아내 신민족주의를 합리화하고 있다.

민세의 조선사 연구는 정치사상의 뿌리가 되었을 뿐 아니라 그의 주장이 옳다는 근거를 제공해주는 역할을 하였다. 아울러 민족주의적인 입장에서 유물사관의 논리로서 유물사관을 비판한 민세의 태도를 통해 민족주의자로서 사회주의적인 점을 부분적으로 수용했던 그의 會通的 사상을 찾을 수 있었다.

끝으로 이 연구를 마치면서 한가지 남는 의문점은 그의 정치사상의 근간이 되었다고 하는 '唯物史觀 등의 熟讀과 각종 史書의 涉獵에서 얻은 새[緯]와 나의 실천의 생애를 통하여 얻은 체험을 날[經]' 가운데 어느 것이 우선하는지에 대한 것이다. 두가지는 서로 상호관련되었다고 하지만, 조선사의 특수성의 발견이 순수한 학문적 고찰이 아니라 자신의 정치적 입장에서 찾아낸 것이라면 의미가 크게 달라진다. 이 경우 조선사 연구가 민세의 정치사상을 합리화하기 위한 수단이 되어 학문적 객관성이 결여되기 때문이다.

3

8·15 해방 후 '중경임시정부 절대지지론' 과 '중경임시정부 영립보강론' 의 비교 검토

8·15해방 후 '중경임시정부 절대지지론' 과 '중경임시정부 영립보강론' 의 비교 검토

김 인 식 (중앙대학교 전임강사)

1. 머리말

8·15해방 직전 국내에서 '해방' 을 준비하는 움직임은 크게 두 가지가 있었다. 하나는 안재홍이 발상하여 여운형과 함께 추진하였던 민족대회소집운동으로, 이는 1945년 5월 이후 內鮮一體에 반대하여 '민족자주' 를 모토로 내걸고 표면운동으로 진행되었다. 안재홍·여운형은 민족대회를 소집하기 위하여 송진우 쪽과도 협력하기로 합의하고, 이들을 포함하는 민족통일전선을 구상하였다. 이러한 표면운동과 다른 형태의 지하운동으로, 여운형이 중심이 되어 조선건국 동맹을 조직하여 해방 후의 '건국' 을 계획·준비하였음은

두루 아는 사실이다. 일제는 패망하는 날까지 민족대회를 허가하지 않았고, 8월 15일 곧바로 민족대회를 소집할 수도 없었으므로, 여운형·안재홍은 두 갈래의 건국운동을 합류·통합하여 8·15해방 당일 조선건국준비위원회를 출범시켰다.

송진우측의 동아일보 계열을 합류시켜, 말 그대로 '완전한 민족통일전선'을 완성하려던 여운형·안재홍은 8·15해방을 앞뒤로 하여 몇 차례 송진우 쪽과 협의하였다. 그러나 송진우는 중경의 대한민국임시정부(앞으로 중경임시정부로 줄임)를 '정통정부'로 '추대'하자고 주장하며, 여운형·안재홍의 구상과 노력을 거부하였다.[1] 이후 그는 건국준비위원회·조선인민공화국을 적대·분쇄하기 위하여, 다른 우익 세력들과 연합하여 한국민주당을 창당하면서 '중경임시정부 절대 지지'를 내걸었다.

8·15해방을 맞은 한민족에게 절대명제이었던 민족통일전선이 결렬된 데에는 중경임시정부를 '정통정부'로 '추대'하는 문제가 깔려 있었다. 여운형은 국내의 혁명세력을 규합한 뒤 해외의 혁명세력이 입국하면 이들을 포용해서 거국일치의 과도정권을 세우려 하였다.[2] 이 같은 정부수립론은 '임정법통론'에 근거를 둔 '중경임시정부 추대론'(앞으로 '임

1) 송진우 계열이 참가하지 않은 건국준비위원회는 여운형의 조선건국동맹을 중심으로 하는 사회주의 세력, 안재홍을 중심으로 하는 민족주의 세력, 李英·鄭栢을 중심으로 하는 장안파 공산주의 세력, 朴憲永·李康國을 중심으로 하는 재건파 공산주의 세력 등이 여운형을 중심으로 집결한 '연합전선적 정치단체'로 출발하였다. 李東華, 「8·15를 전후한 呂運亨의 정치활동」, 宋建鎬 外著, 『解放 前後史의 認識』(한길사, 1979. 10), 352쪽.
2) 여운형이 중경임시정부의 위상을 어떻게 평가하였는가는 金大商, 「8·15直後의 政治現象」, 安秉直 外著, 『變革時代의 韓國史』(東平社, 1979. 5), 270~272쪽 : 정병준, 『몽양 여운형 평전』(한울, 1995. 6), 114~115쪽.

정추대론'으로 줄임)과는 틈새가 매우 컸다. 안재홍은 민족통일전선을 결성해야 한다는 대의 앞에 중경임시정부 문제는 보류한 채 여운형과 함께 건국준비위원회를 조직하였다. 이와 달리 송진우는 민족통일전선을 결성하자고 협력을 요청하는 여운형·안재홍의 제의를 거절하면서, '임정추대론'을 주장하며, '倭政'이 완전히 철폐될 때까지 경거망동하지 말라는 충고도 잊지 않았다. 중경임시정부를 '정부'로 지지하여 추대하느냐 여부는, 해방정국에서 명망 있는 민족지도자들 사이에 일어난 최초의 정치논쟁이었으며, 실천논리에서 좌익과 우익을 가르는 첫 번째 갈림목이었다.

정국의 주도권을 여운형·안재홍 등에게 빼앗긴 데 위기감을 느낀 우익 세력의 일부 — 李仁 등조선민족당 계열을 비롯하여 — 는, 처음 건국준비위원회를 '확대개편'하자고 주장하며 이에 참여하려 하였다. 그러다 미군이 38도선 남쪽에 진주한다는 사실이 확인되자, 건국준비위원회에 참가하기를 그만두고, 뒤에 한국민주당으로 통합되는 독자의 정당들을 결성하면서 정치세력화를 모색하였다. 이들은 모두 중경임시정부를 추대하자는 명분을 내세워 건국준비위원회와 조선인민공화국에 대항하였다.

건국준비위원회에서 '民族主義者의 主動下에 左方의 협

동적 연합'을 추구하였던 안재홍은, 건국준비위원회가 인민공화국으로 좌편향하여 정부화하자, 건국준비위원회 안에서 민족주의 세력을 확대하려던 계획과 노력이 좌절되었다고 판단하였다. 이에 그는 조선국민당을 결성한 뒤 건국준비위원회를 탈퇴하면서 중경임시정부를 '최대한 지지'하겠다고 공표하였다. 이후 그는 몇 개의 소규모 정당을 통합하여 '민족주의 정당'을 자임하는 국민당을 다시 창당하면서, 민족주의주도권을 확보·강화할 목적으로 '중경임시정부 지지'를 더욱 분명히 내걸었다.[3]

이같이 중경임시정부가 환국(1945. 11. 23 제1차 환국)하기 전, 이미 국내에는 '임정법통론'을 근거로 중경임시정부를 '지지'하는 유력한 우익 정당이 중경임시정부를 '정부'로 '추대'하겠다고 선언하고 있었다. 인민공화국을 해체 또는 타도하려는 우익 세력들의 전략과 정략은, '개인자격'으로 입국할 수밖에 없었던 중경임시정부의 사실상의 역량과 영향력을 뛰어넘어, 이를 민족통합의 구심점으로 내세웠다. 이것이 중경임시정부를 곧바로 정통정부·정식정부로 추대하자는, 또는 중경임시정부를 중심으로 내외의 혁명세력을 강화한 뒤 과도정권·과도정부를 세워 정식정부를 수립하자는 '임정추대론'이었다. 그러나 해방을 맞은 한민족에게

3) 김인식, 「해방후 安在鴻의 民共協同運動-건국준비위원회와 국민당 활동을 중심으로」, 『근현대사 강좌』 통권 제10호(한국현대사연구회, 1998. 12)를 참조.

절대명제이었던 민족통일전선은 이를 둘러싼 논전으로 결렬되고 말았다. 이로써 이데올로기의 지형이 아직 확정되기 전에 중경임시정부를 지지하는 여부는 실천논리에서 좌우를 나누는 첫 번째 가름점이 되었다.[4]

중경임시정부가 스스로 '정부'를 자임하고 집정하려는 의지는, 미국의 대한정책이 중경임시정부의 위상을 어떻게 규정하느냐, 또 한국의 민중과 정당·정치세력들이 얼마나 강력한 일관성을 가지고 중경임시정부를 추대하느냐에 현실의 발판을 가질 수 있었다. 그러나 남한에서 '유일정부'임을 선포한 미군정은 중경임시정부를 과도정부로 인정하지 않았으므로, 중경임시정부가 집정하는 정부수립은 애초 불가능하였다. 또 '임정추대론'을 내걸었던 유력한 두 우익 정당이 정치노선을 수정함으로써 중경임시정부가 집권할 국내의 지반도 사실상 무너졌다.[5]

인민공화국을 '타도'하기 위하여 '중경임시정부 절대 지지'를 정략으로 내걸었던 송진우·한국민주당은 미군정의 방침을 알고 사실상 이를 곧바로 폐기하였다. 한국민주당은 형식논리로 '중경임시정부 지지'를 내세웠다. 게다가 신탁통치논쟁이 벌어지는 와중에서 송진우가 암살되자, 중경임시정부에 대립하는 모습까지 보였다. 안재홍·국민당은 민

4) 金仁植, 「송진우·한국민주당의 '중경임시정부 절대지지론'」, 『한국근현대사연구』 제24집(한국근현대사학회, 2003. 3), 119~120쪽. 8·15해방 직후 '봉대'라는 말은 몇몇 쓰인 예가 있었으나, 1947년 3월 이후 제2차 반탁운동이 일어남을 기회로 중경임시정부 계열이 '임정봉대운동'을 추진할 때까지는 일반화되지 않았다.
5) 金仁植, 「위의 논문」 (2003. 3), 121쪽.

족문제를 自主解決(自力解決)한다는 차원에서, 자주정부를 수립하는 방안으로 '중경임시정부 영립보강'을 주장하고, 중경임시정부의 여당인 한국독립당에 합당하면서까지 이를 무양무양 실천하였다. 그러나 제1차 미소공동위원회가 결렬된 뒤, 한국문제의 국제관련성을 인식하여 좌우합작운동에 참여하면서 '임정추대론'을 에돌아 거두어들였다.

이 글에서는 8·15해방을 앞뒤로 하여 제기되었던 '임정추대론'의 실상을 확인하고자 하였다. 해방 공간에서 중경임시정부의 '법통성'을 신봉하는 개인들도 많았지만, 8·15 해방 뒤 양대 우익 정당이었던 송진우·한국민주당 계열과 안재홍·국민당 계열을 중심으로 살펴보았다. 먼저 송진우·안재홍이 식민지시기 끝 무렵 일제가 패망하는 시국에 대처하는 행태를 찾아, 송진우·한국민주당의 '중경임시정부 절대지지론'(앞으로 '절대지지론'으로 줄임)과 안재홍·국민당의 '중경임시정부 영립보강론'(앞으로 '영립보강론'으로 줄임)이 제기되는 배경을 더듬어 보았다. 이어 8·15해방 뒤 이들이 어떠한 논리로 몸갖추어 '중경임시정부 추대'를 주장하였는지 검토하였다. 8·15해방을 앞뒤로 하여 송진우·안재홍이 시국에 대처하기 위하여 만났으나 두 사람을 갈라 결정하는 계기가 두 차례 있었다. 1944년 7월 안재홍이 송진우를 찾아간 일, 8·15해방 후 중경임시정부가 개인 자격으로 환국하였을 때 중경임시정부의 주석 김구를 면담한 일이었다. 이 글에서는 이 두 사실이 해방정국에서 지니는 상징성, 두 사람의 정치행보를 가로지른 결정력을 눈여겨보았다. 그리고 '절대지지론'과 '영립보강론'의 공통점과 차이점을 검토함으로써, 두 인물·두 정당의 일치점과 갈림점을 따져 보았다. 끝으로 '임정추대론'이 어떻게 귀결·실천되었는가를 살펴보았다. 이로써 해방공간에서 좌우를 가른 '임정추대론'의 허와 실을 검증해 보고자 하였다.

2. '중경임시정부 추대론'의 배경 – 해방을 맞으려는 준비

1) '중경임시정부 절대지지론' : 對策無策論

송진우가 '일제필망'을 확신한 때는 1943년이었다. 이때부터 그는 日帝必亡論을 주위 사람들에게 이야기하였다. 그는 1945년 7월을 '일제필망'하는 날로 예측하기도 하였다.[6] 그러나 송진우는 '일제필망'을 확신하면서도 독립을 위한 '명백한 대책'을 세우기는커녕 '아무 대책 없이' 해방을 맞

6) 1944년 가을 무렵 송진우는, 薛義植이 단파 라디오로 들은 카이로 회담의 내용을 전해들었다. 또 독일이 항복(1945. 5)하기 전후, 일본 외무성 사무관으로 있던 張徹壽에게서 「카이로 선언」·「포츠담 협정」·「얄타 협정」·「대서양 헌장」 등 세계정세와 각국의 동향을 자세히 들었다. 송진우는 '대세는 다 결정되었는데 뭘 … 6·7월은 더 넘지 못할 것이야' 하며 전쟁의 종말이 가까워 옴을 더욱 분명하게 예고하였다. 그러나 그의 稱病도 비례적으로 심각성을 띠었다.' 그는 즐기지 않는 담배를 피워 물고 누워서, '만사가 귀찮다는 듯이 담배 연기만 내뿜'고, '홀로 앉아서 骨牌를 만지며 소일했다.' 古下先生傳記編纂委員會 編『古下宋鎭禹傳記 – 獨立을 향한 執念』(東亞日報社, 1990. 5), 419~422쪽. 앞으로『古下宋鎭禹傳記』를『傳記』로 줄임.

7) "대책은 무책"이라는 말을, 김준연은 "조선민족을 위하여 그 독립의 길을 찾아가는 것이 대책이며, 그러므로 이러한 명백한 대책은 우리 전체가 실현시켜야 할 계획인 까닭에 특별히 다른 계책은 없는 것이라는 말"이라고 해석하였다. 『傳記』, 415~416쪽. 송진우는 '亡해가는 놈'에게서 정권을 받아 무슨 소용이 있느냐, 프랑스의 페탱, 중국의 王兆銘, 필리핀의 라우렐 정권처럼 "畢竟 허수아비政權밖에 되지 못할 것이고 民族叛逆者의 일흠을 듣게 된다."는 논리를 폈다. 金俊淵, 「政界回顧一年 – 解放과 政治運動의 出發」, 『東亞日報』(1945. 12. 2) 〔金俊淵, 『獨立路線』(興韓財團, 1947. 12)〕, 4~5쪽. 8·15해방 직전 총독부가 송진우에게 치안유지를 교섭할 때, 또 여운형이 건국준비를 위하여 협력하자고 제의할 때, 송진우는 모두 같은 이유를 들어 거절하였다. 김준연은 '일제필망론'을 따로 떼어 회고할 만큼 이를 강조하였다. 또 그는 '대책무책'이란 말을 "그 의미를 음미하면 참으로 맛이 있는 말"이라고 감탄하였다. 金俊淵, 「古下 宋鎭禹先生을 追慕함 – 日帝必亡論과 東亞日報 때의 이야기」, 『新太陽』(1957년 12월) 〔古下先生傳記編纂委員會 編, 『古下宋鎭禹關係資料文集』(東亞日報社, 1990. 5), 232~241쪽〕. 앞으로 「古下

앉으며, 王兆銘·페탱(Henri Philippe Petain)·라우렐(Jose Paciano Laurel)로 몰리어 지탄받지 않도록 운신하였다. 그는 일제가 '자치'를 미끼로 던지지라 예견하며 "對策은 無策이오"라는 대응책까지 일러 주었다. 김준연이 그럴 듯하게 해석한 바와 달리,[7] '대책이 무책'이라는 말은 명망 있는 민족지도자가 민족현실에 책임지려는 태도와는 거리가 먼 無責論이었다. 『傳記』도 지적한 바와 같이, 송진우는 동아일보가 강제폐간 당한 날(1940. 8. 10)부터 8·15해방 당일까지 "병을 핑계하고" "자택에서 만 5년간 거의 두문불출의 세월을 보냈다."[8]

책임 있는 민족지도자로서 일제가 곧 패전하리라 확신하였다면, 한민족이 자주성·능동성을 갖고 해방정국을 주도할 수 있도록 민족역량을 조직해 두어야 마땅하였다. 1944년 7월 안재홍은 송진우를 찾아가 시국대책을 협의하였다.[9] 안재홍은 일제가 붕괴함은 시간문제이므로 이에 대비하여 '국내에 있는 양심적인 부대'의 '主流力量'을 결성함으로써 시국을 구하는 대책을 세우자고 제안하였다. 안재홍은 민족주의 진영을 '주류역량'으로 삼는 조직을 구상하였다.

그러나 송진우는 친미의 사고방식을 기저로 미국이 전후 세계질서를 '영도'하리라 전망하는 한편, 중경임시정부를

턱없이 과대평가하여 중경임시정부가 환국·집권하면 국내
문제가 쉽게 해결된다는 낙관론10)을 펴면서, 안재홍이 제안
한 바를 단호히 거절하였다. 민족의 진로를 결정할 이 제의
를, 송진우는 동포들의 '피값'을 이용하려는 권력욕 정도로
치부하며 비난한 뒤, 중병을 핑계로 두문불출하였다.11) 이로
써 민족주의를 자임하는 정치세력은 '민족역량'을 결집할
아무런 조직체도 준비하지 못한 채 8·15해방을 맞았다.

송진우의 태도는 '대책무책론'의 연장이었다. 이 시기 그
의 시국대처 방안은 '대책무책론'이었으며, '運身방법'은
오직 '침묵'이었다.12) 그의 '임정추대론'은 '운신방법'인
'대책무책론'에서 출발하였다. 8·15해방 뒤 송진우는 '절
대지지론'으로 자신의 '무책론'을 방어·변명하는 데에서
나아가, 국내투쟁이 전혀 없었다고 주장하며, 자신의 정적들
또한 대일투쟁에 적극 가담하지 않았음을 공격하는 수단으
로 활용하였다. 일종의 동반 무책론이었다.

미군정이 고문회의를 구성하는 1945년 10월 5일, 민족통
일전선을 결성하기 위하여 각 정당 수뇌의 간담회가 열렸다.
이 날 송진우는 "結局 問題는 人民共和國이냐 重慶政府냐"
에 있다고 전제하면서, 중경임시정부를 '支持하야 마자드
리'어 '臨時政府 信奉下에 나가자'는 논리를 전혀 다른 각도

下宋鎭禹關係資料文集」을
「文集」으로 줄임.
8) 「傳記」, 423쪽.
9) 이 협의 내용은 「民政
長官을 辭任하고」(1948.
7 「新天地), 安在鴻選集
刊行委員會 編 「民世安在
鴻選集」2(知識産業社,
1983. 1), 261·268쪽(앞
으로 「民世安在鴻選集」을
「選集」으로 줄임) : 「傳
記」, 417~418쪽 ; 「文集」,
371쪽에 실려 있다. 안재
홍에 따르면, 1944년 가
을 그가 "民族主義者의
一重鎭인 某氏와 時局對
策을 논"하였다고 하였고,
「傳記」는 사이판도에서
일본이 전멸하였다는 소
식이 전해지던 무렵인
1944년 7월 平澤의 振威
에 疏開해 있던 안재홍이
송진우를 찾아갔다고 기
술하였다. 「選集」·「傳記」
의 두 자료는 서술 내용에
차이가 있지만, 안재홍이
송진우에게 '무슨 운동'을
제안하였다는 점에서 일
치한다. 그런데 안재홍이
회고한 바에서 중요한 점
은, 송진우가 중경임시정
부가 환국하여 집권하면
민족문제가 모두 해결된
다는 주장을 편 대목인데,
「傳記」는 중경임시정부를
전혀 언급하지 않았다.
10) 안재홍에 따르면, 송
진우는 다음과 같이 정세
판단하였다. 소련은 미국
이 요청하자 코민테른도
해산하였고 세계혁명운동
도 폐기하였으며, 전후의
국가재건을 위해서 앞으
로도 미국에 협조함이 분
명하다. 또 중경임시정부

는 연합국 여러 나라의 정식승인을 이미 얻었고, 10만의 독립군을 거느리고 있으며, 미국과 10억 불의 차관 교섭을 성립시켜 놓았다. 중경임시정부가 국내에 들어와 친일파 거두 몇 명만을 처단하고 行號施令하면 모든 문제가 해결된다. 송진우가 당시의 정세와 중경임시정부를 판단한 데에는, 중경임시정부가 선전용으로 내보내는 단파방송에 근거를 두었을 수도 있다. 鄭秉峻,「李承晩의 獨立路線과 政府樹立 運動」(서울大學校 大學院 國史學科 博士學位論文, 2001. 2), 176~182쪽. 그러나 단파방송이 선전을 목적으로 사실을 과장하였다 하더라도, 송진우는 중경임시정부를 지나치게 과대평가하여 전혀 객관성을 잃었다. 같은 시기에 단파방송을 들은 여운형·안재홍은 중경임시정부를 치우치게 평가하지 않았다. 그렇다면 송진우가 중경임시정부를 판단한 근거가 단파방송에 있었다기보다는, 그가 시국에 대처하는 자신의 논리와 태도를 뒷받침하고 정당화하기 위하여 중경임시정부를 부풀리어 평가하였을 가능성이 더 높다. 김인식,「앞의 논문」(2003. 3), 124쪽. 사실 8·15해방 후 송진우·한국민주당은, 인민공화국을 타도하고 정국의 주도권을 장악하기 위하여, 여운형·안재홍 등

에서 제기하였다. 그는 국내에서 혁명군이 일어나 조선총독을 쫓아내고 국내에 정부를 세웠다면 연합국도 이것을 승인하였을 터인데, 한민족이 일본제국주의를 '自主力'으로 쫓아내지 못하였으므로 중경임시정부를 지지하여야 한다고 주장하였다. 그는 국내에 있던 사람은 감옥 안에 갇혀 있었거나 병치료하던 사람뿐으로, 비밀결사는 있었으나 '적극적 항쟁'은 없었다고 지적하였다.[13]

중경임시정부 또한 '자주력'으로 일제를 쫓아내지 못하였는데도, 송진우는 국내투쟁이 전무하였다는 이유를 들어 중경임시정부를 지지하여야 한다는 논지를 폈다. 그는 자신이 병을 핑계로 시국에 대처하지 않은 '무책론'을 확대하여, 국내의 다른 인사들도 적극 항쟁하지 않았음을 꼬집으면서 인민공화국이 정국을 주도하는 무모함을 비난하였다. 송진우는 국내투쟁이 공백이었고 무력·무용하였음을 지적하면서, 자신의 '무책론'을 합리화하였다. 이 점에서 '절대지지론'은 송진우를 비롯한 한국민주당 계열의 '無策論'과 '時勢追從主義'[14]를 변명·방어하려는 免避論이었다.

2) '중경임시정부 영립보강론' : 민족대회소집운동

앞서 본 대로 안재홍은 1944년 가을 무렵 민족주의 진영

을 '주류역량'으로 삼는 표면단체를 결성하려 구상하고, 이를 송진우에게 타진하였다. 안재홍은 일제가 패퇴한 시국에 대처하는 방안으로, 일제가 '협력'을 요청하는 합법공간을 이용하여 민족주의 세력을 결집하려 강구하고 있었다. 그는 1944년 12월 상순 일제 관원과 단독으로 시국을 협의하는 자리에서,[15] 일본이 퇴각할 때 예상되는 유혈을 방지하기 위한 방안으로 민족자주·互讓協力[16]·마찰방지의 3원칙을 제시하면서 "우리들 一派에게 일정한 言論과 行動의 自由를 달라"고 요구하였다. 안재홍은 '민족자주'를 내걸고 민족대회를 소집하려 구상하고 이를 추진하였다. 일제가 곧 패망을 앞두었다고 확신한 이때, 그는 여운형이 지하조직한 건국동맹에 가담하지 않고, 표면운동이라는 합법의 방식으로 '민족자주'를 내세워 민족세력을 결집하려는 분명한 생각을 지니고 3원칙을 제시하였다.

미군이 沖繩에 상륙하고 독일이 무조건 항복한 1945년 5월, 안재홍은 여운형과 함께 경무국장 西廣忠雄를 만난 자리에서, 다시 '민족자주'를 내걸고 "우리들 少數의 意思만으로 결정할 수 없는 일이므로" 경성에서 민족대회를 소집하여 결의를 밟은 후 민족자주의 공작을 추진할 수 있도록 허락하라고 촉구하면서, 민족대회소집안을 표면으로 드러내

을 친일파로 꾸미어 매도하면서, 동시에 중경임시정부를 과대포장하여 '절대 지지'하였다. 뒤에 보게 될, 한국민주당이 1945년 9월 8일 발표한 「결의」와 「성명서」는, 사실을 조작하며 허위과장법을 휘두르는, 8·15해방 후 우익 데마고기의 전형을 보여주는 첫 번째 사례였다. 송진우가 정세 판단하는 데에서, '미국의 세계 패권'이 "중경임시정부를 승인·지지"하기 때문에 "중경임시정부가 민족문제를 해결할 충분한 역량"을 가지고 있다는, 미국과 중경임시정부를 맞물어 보는 인식을 눈여겨보아야 한다. 그의 논리에서 8·15해방 뒤 그와 한국민주당이 나아갈 정치행태와 시국에 대처하는 해법을 미리 볼 수 있다. 『동아일보』를 경영한 언론인으로서 세계정세에 민감하며 '예리한 판단력'으로 칭송 받는 송진우가, 미국과 중경임시정부의 관계, 중경임시정부의 역량을 과장된 자료에 근거하여 오판하였다고 보기는 어렵다. 오히려 이는 정국을 치밀하게 구상하는 의도한 판단이었다. 객관성에 토대를 두고 중경임시정부의 위상을 설정하지 않고, 정략상의 요구에 따라 중경임시정부가 요청되는 바였으므로, 정략이 변동함에 따라 중경임시정부의 위상도 얼마든지 뒤바뀌어 규정될 수 있었다. 송진우·

한국민주당은 친미노선과 '임정추대론'이 평행하는 대립점으로 드러났을 때, 친미노선을 생존 방식으로 택하고 '임정추대론'은 가로새 폐기하였다.

11) 안재홍이 조선사람들의 '피값'을 받아야 한다고 주장하자, 송진우는 "그건 안될 말이오. 피는 딴 사람이 흘리고, 그 값은 당신이 받는단 말이오?" 하고 노기를 띠면서 끝내 거절하였다. 송진우는 안재홍과 논쟁을 벌인 날부터, 약병을 머리맡에 놓고 이불을 펴고 드러누워서 중병을 가장한 채 두문불출하였다.

12) 송진우와 안재홍의 논쟁을 『文集』은, "두 사람은 다 같은 목표를 갖고 있었으나 運身방법에 대해서는 사고방식의 차이가 있었다."고 평가하였다. 이 시기 송진우는 안재홍과 달리, 개인의 '運身'에 관심을 두어 은둔과 침묵을 '운신방법'으로 택하였다.

13) 「新朝鮮 建設의 大道－民族統一戰線을 念願各 政黨 首腦 懇談會」, 『朝鮮週報』 1권 1호(1945년 10월 15일)(夢陽呂運亨先生全集發刊委員會 編, 『夢陽呂運亨全集』1(한울, 1991. 11), 219～231쪽).

14) 1945년 8월 12·13일 사이에 송진우측과 교섭하였던 정백은, "日本政權이 完全 崩壞되기 前에 準備되는 政權은 페탄政權의 危險이 잇슴으로, 臨

었다. 일제는 항복을 눈앞에 두고 8월 10일경 여운형·안재홍에게 거듭 회견을 요청하였고, 안재홍이 내거는 3원칙에 공감하였으나 민족대회소집을 허락하지는 않았다.[17]

　건국동맹이 철저하게 지하운동이었다면, 안재홍이 발상하여 여운형과 함께 추진하였던 민족대회소집운동은, 내선일체에 반대하여 민족자주를 모토로 내걸고 표면운동으로 해방을 준비한 또다른 움직임이었다. 일제가 붕괴하여가는 시점에, 안재홍은 일제가 협력하라고 요청하는 합법 공간을 적극 逆用하여 민족대회를 소집하는 방식으로 민족역량을 결집·강화하고, 이로써 건국운동을 추진하려 하였다. 여운형·안재홍은 민족대회를 소집하기 위하여 송진우측과도 협력하기로 하고 이들을 포함하는 민족통일전선을 구상하였다.[18] 일제는 항복하는 끝날까지 민족대회를 허가하지 않았고, 8월 15일 곧바로 민족대회를 소집할 수도 없었으므로, 안재홍은 민족대회소집으로 이루려던 목표를 가지고 건국동맹과 합류하여 8·15 당일 건국준비위원회를 출범시켰다.

　8·15해방 직전 안재홍·여운형 등은 민족통일전선으로서 민족대회를 소집하기 위하여 송진우측에게 협력하자고 제의하였다.[19] 8월 12·13일 이틀 사이에, 민족대회소집을 추진하는 측에서 정백, 송진우 쪽에서는 김준연이 만나 '민

족역량 총집중'의 문제를 비밀 속에 교섭하였으나, 양측의 의사가 대립하여 결렬되고 말았다. 일제가 패퇴한 이후의 시국에 대처하는 방안, 그리고 중경임시정부를 평가하는 시각에서 양측은 큰 견해차를 보였다.

민족대회소집 측은, 일본이 무조건항복함은 이미 결정되었으니 조선민족이 '自主自衛的'으로 '主權確立'에 매진하자는 전제 아래, 국내에서 일제와 대항하던 인민대중의 혁명역량을 중심으로 내외의 혁명단체를 총망라하여 독립정부를 세우자고 주장하였다. 반면에 송진우 쪽은 '倭政'이 완전히 철폐될 때까지 그대로 참고 있어야 한다, 총독부가 연합군에게 '朝鮮政權'을 인도하기 전까지는 '독립정부'를 허락하지 않을 터이므로 적과 투쟁할 수 없다. 그리고 "在重慶金九政府를 正統으로 歡迎推戴"하자는 두 가지를 내세웠다. 첫 번째 주장은 뒤에 보게 될 현상유지론과 같은 내용이었다. 어쨌든 양측의 협의가 결렬된 겉의 이유는 바로 중경임시정부를 '추대'하는 문제에 있었다. 건국준비위원회가 조직된 직후에도 양측의 교섭이 몇 차례 시도되었으나, 송진우측이 '임정추대론'을 내세움으로써 또 다시 결렬되고 말았음은 다 아는 사실이다. 송진우는 여운형에게 "경거망동 말라"는 충고도 있지 않았다.[20]

時政府가 오기를 기다리겠다고 協力을 拒否'한 송진우의 자세를 '큰 誤解'이며 '時勢追從主義'라고 비판하였다. 鄭栢, 「八月 十五日 朝鮮共産黨 組織經過 報告書」, 翰林大學校 아시아文化硏究所 編, 『朝鮮共産黨文件資料集(1945~46)』(翰林大學校 出版部, 1993, 4), 7쪽.
15) 안재홍이 총독부측과 접촉하는 과정은 달리 전거를 밝히지 않으면, 「八·一五 당시의 우리 政界」(1949, 9 『새한민보』), 『選集』 2, 467~472쪽에서 인용하였다.
16) 안재홍의 한 측근은 '호양협력'에서 '협력'이라는 말이 뒷날 문제가 될 수 있음을 지적하면서, "그 協力이란 말은 뺍시다. 나중에 協力派라고 是非가 될 것이오"라고 충고하였다. 그러나 안재홍은 "지금 民族自主를 들고 나와 對日折衷을 한다는 판인데, 그까짓 互讓協力쯤을 그토록 겁낼 것 있느냐"고 고집하였다. 일제가 패망함을 확신하고 시국에 적극 대처하려는 안재홍의 자세는, '대책무책론'을 곱씹으며 조선의 라우렐로 몰릴까 염려하여 병을 핑계로 두문불출한 송진우의 운신과 아주 대조된다. 8·15해방 직전 총독부측이 송진우에게 협조를 요청하였을 때, 송진우는 일본이 이렇게까지 빨리 항복할 줄 몰랐으므로 총독부측의 진의를 의심하면서 이를 거

부하였다. 여기에는 일본
이 물러간 뒤, 王兆銘·페
탱·라우렐로 몰려 조선
민족 안에서 발언권을 잃
을까 염려하는 마음도 있
었다. 李仁,「解放前後 片
片錄」,『新東亞』(1967년 8
월호), 360쪽 ; 李仁,「半
世紀의 證言」(明知大學出
版部, 1974. 3), 144~145
쪽. 침묵을 지키며 은둔한
송진우는, 정치의 전면에
나서 해방정국을 주도할
요량으로 협조를 거부하
는 치밀함을 보였다. 그는
은둔하면서도 앞날의 정
국을 속셈하며, 총독부가
협력을 요청할 때 거절한
명분을 다시 내세워 건국
준비위원회에 참여하지
않았다. 또 같은 명분을
되풀이 하여, 건국준비위
원회를 조직한 여운형·
안재홍 등을 왕조명·페
탱·라우렐에 비유하여
비난하거나, 나아가 직접
'친일파'·'민족반역자'
로 매도하였다. 김인식,
「앞의 논문」(2003. 3),
130~131쪽.
17) 안재홍이 건국준비위
원회가 출현한 배경을 말
하면서, '민족대회안'을
'建準 出現의 裏面'으로
관련시키고 '유혈방지'를
강조하는 대목은 매우 중
요하다. 지금까지 건국준
비위원회를 다룬 연구에
서는, 건국동맹이 건국준
비위원회의 모체가 되었
음을 강조하였지만, 표면
운동으로 추진된 민족대
회소집안과 건국준비위원
회가 출현한 상관성을 언
급하지는 않았다.

그러면 안재홍은 민족대회소집을 추진하면서, 또 건국준비위원회를 결성하여 참여하면서 중경임시정부 문제를 어떻게 생각하였는가. 민족대회를 소집하기 위하여 송진우와 연결을 시도하는 과정에서 '임정추대론'이 문제가 되었으므로, 안재홍도 이에 생각한 바 없었을 리 없다. 그러나 그는 건국준비위원회를 탈퇴할 때까지 중경임시정부 문제를 끄집어 내지 않았다. 이러한 까닭을 대충 세 가지로 짐작할 수 있다.

우선 안재홍은 송진우와 달리, 중경임시정부의 실상을 나름대로 객관성 있게 파악하였으므로, 중경임시정부를 과대평가하여 중경임시정부가 '정통정부'로 환국하면 모든 문제가 해결된다는 낙관론을 품지 않았다.

둘째, 일제가 패망한 뒤의 정국을 수습하기 위하여 민족역량을 시급히 집결해야 하는 민족의 대의 앞에, 객관성을 장담할 수 없는, 그렇기에 통합에 걸림돌이 될 수도 있는 '임정추대론'을 거론할 필요가 없었다. 이는 8·15해방 뒤 중경임시정부를 '영립보강'하려는 안재홍의 정치행태를 보아도 충분히 확인할 수 있다. 1946년 들어 중경임시정부가 주도하여 비상정치회의를 구성하려던 시기에, 안재홍은 좌익계열을 비상정치회에 참여시켜 민족통일전선을 성립시키는 데에 '임정법통론'이 장애가 됨을 알고, "法統問題를 푹 덮어 놓고 白紙로 출발"[21]하자고 중경임시정부측에 제안하였다. 그는 '임정법통론'이 협상에 걸림돌이 되리라 생각하였고, 또 민족주의 진영이 영도권을 잡게 되면 중경임시정부의 법통은 자연스럽게 관철될 수 있다고 판단하였다.[22] 민족통일전선을 달성하기 위하여 法統案을 일단 보류하자는 현실론을 보더라도, 안재홍이 '임정추대론'을 거론하지 않은 이유를 알 수 있다.

셋째, 둘째 문제와 관련이 있지만, 해방정국에서 민족주의 주도권이 확립된다면 '임정법통론'은 자연스럽게 해결된다고 판단한 사실을 뒤집어 보면, '임정추대론'을 내걸기 전에 민족주의주도권을 확보하는 작업이 우선 과제였다. 안재홍은 '民族主義者의 主動下에 左方의 협동적 연합'을 위하여 건국준비위원회 안에 민족주의 세력을 확대하려 노력하였다.[23] 중경임시정부를 추대할 현실의 지반도 없이 '임정추대론'을 주장함은 사실 공론일 뿐이었다. 그렇기에 안재홍은, 해외에 있던 민족해방운동 세력들이 국내에 입국하기 전에 건국준비위원회로써 국내 정국을 整地하는 작업을 완료하고, 이어 해외의 정치세력과 연결하여 독립정부를 완성시키려 하였다. 그는 건국준비위원회로써 국내의 통일전선체를

18) 속칭 장안파 공산당 계열인 정백은 조선공산당이 조직된 경과를 보고하는 문건에서, 자신도 민족대회소집 운동에 관여하였다고 기술하면서, 8월 12일 이후 그가 송진우측과 몇 차례 회합·접촉한 일도 '民族大會關係의 呂運亨·安在鴻과 8월 12일 協議'하였음을 밝혔다. 앞의 「八月 十五日 朝鮮共産黨 組織經過報告書」, 6~7쪽. 또 좌익세력의 집결체이었던 民主主義民族戰線 編輯, 『朝鮮解放年譜』(文友印書館, 1946. 10), 79쪽에서도 "表裡兩面으로 敗退의 敵을 追窮하야 「內鮮一體」의 政策을 「民族自主」의 旗幟로 對抗하면서 民族統一戰線을 結成"한 사실을 언급하였다. 위의 두 자료는, 건국동맹과 달리 표면에서 민족통일전선을 결성하려는 시도, 즉 민족대회소집운동이 추진되었고, 이는 일정한 세력들을 형성하여 송진우와 '연결'하려고 '협의'하였음을 보여준다.
표면운동인 민족대회소집운동은 안재홍이 발의하여 추진하였고, 송진우 등과 '연결'하는 데에도 안재홍이 주도성을 띠었다. 안재홍은, 여운형이 자신에게 '지하조직을 하자'고 제의한(1944년 8월에서 12월 사이) '몇 달 후에 民族自主·互讓協力·摩擦防止 三項을 日帝當路와 여러 번 折衝할 때에도, 夢陽은 퍽은 深刻한

憂愁 중에 잠기는 것 같
았다. 그는 아마 그 地下
組織과 關聯된 생각이었
을 것이다.*고 회고하였
다.「夢陽 呂運亨씨의 追
憶」(1947. 9),「選集」2,
204쪽. 이를 보면 여운형
은 민족대회소집이라는
합법운동보다는 건국동맹
의 일에 더 집중하였다.
1944년 7월의 예에서 보
듯이, 송진우와 '연결' 하
는 데 적극성을 띠었던
사람은 안재홍이었다.
8・15해방 뒤 건국준비위
원회를 결성한 뒤, 이 안
에서 우익 민족주의자들
이 주도권을 장악하도록
우익 세력을 건국준비
원회에 끌어들여 건국준
비위원회를 '확대개편' 하
려고 공작한 사람도 안재
홍이었다. 김인식,「앞의
논문」(1998. 12), 49~54
쪽. 반면 여운형은 안재홍
에게는 건국동맹에 가담
하기를 권유하였으나, 송
진우에게는 그러하지 않
았다. 또 여운형은 건국준
비위원회에서 우파 세력
이 확장되는 데 그다지
적극성을 보이지 않았다.
이를 보면 '송진우측'을
끌어들이려는 '협의'에는
안재홍이 더 적극 나섰다
고 생각한다. 어쨌든「조
선해방연보」가 지적한 대
로, 송진우 계열과 '합
력'・'연결' 하고자 하는
시도는, 안재홍・여운형
을 비롯한 민족통일전선
의 '중심세력'들이 '합
의' 함에 따라 진행되었다.
교섭을 진행시킨 당사자
인 정백에 따르면, 여운

결성한 뒤 중경임시정부와 연결하려 하였다.[24] 안재홍은 건
국준비위원회를 민족주의자가 주도하는 통일전선체로 발전
시킨 뒤, 이를 기반으로 중경임시정부를 '보강' 하려는 복안
을 가지고 있었으므로, '임정추대론'을 드그럽게 내걸지 않
았다.

3. '중경임시정부 추대론' 의 논리

1) '중경임시정부 절대지지론' : 인민공화국 타도를 위한
전술

'중경임시정부 추대'를 겉으로 내세우지 않았으나 중경임
시정부를 중심으로 독립정부를 수립하려 구상한 안재홍과
달리, 송진우는 중경임시정부를 '정통정부'로 '추대' 하자고
주장하면서도 미군이 남쪽에 진주한다는 소식을 알기까지
'임정추대'를 위한 아무런 준비도 하지 않았다. 여운형・안
재홍이 건국준비위원회를 조직하여 정국의 주도권을 장악
한 데 위기의식을 느낀 우익 세력들이, 건국준비위원회에 대
항할 목적으로 조선민족당・한국국민당 등 — 이 당들은 뒤
에 한국민주당으로 합류하였다 — 을 조직하는 과정에서 송

진우를 끌어들이려 하였다. 그러나 그는 '政黨의 時機尙早論'을 내세우면서, 정당을 결성하자는 모든 제안을 거부하였다.[25]

송진우는 침묵하면서도 정세의 추이를 날카롭게 주시하였다. 그의 침묵은 결코 방관이 아니었다. 탁월한 그의 정치감각[26]은 다가올 정국을 정확히 예측하며 현실성 있게 대응하였다. 그는 연합국의 점령정책을 전혀 알 수 없는 상황이므로, 연합국이 진주할 때까지 총독정치로 현상을 유지하면서, 연합국이 진주하여 정책의 방향이 결정되면 그때 가서 연합국을 직접 상대하여 정국의 주도권을 장악하겠다고 얽이를 세웠다. 송진우는 분명한 시국대처 방안을 가지고 있었다. 8·15해방을 맞아 '물밀듯이' 그를 찾아든 '동지들'에게, 그는 아주 중요한 시국대처법을 제시하였다. "연합군이 상륙하고 일본이 정식으로 항복한 후에 연합국과 논의해서 건국을 한다 해도 조금도 늦을 것은 없는 것"이므로, "미구에 연합군도 들어오고 해외에 있는 선배 동지들도 귀국하게 될 것이니 그때까지 마음의 준비와 현상 유지를 하면서 기다립시다."[27] 이 말속에 송진우가 해방정국에 대처하는 전략이 들어 있으며, 이는 이후 미군정에 밀착하는 그의 정치행태와 그대로 일치하였다. 또 중요한 점은 그는 '동지들'에게 자신

형·안재홍과 협의하여 8월 12일부터 '獨立에 對한 具體的 政策樹立을 準備하기 爲하야 東亞日報派의 宋鎭禹와 合力의 必要를 實現코자' 자신이 金俊淵과 '屢次 會議'를 가졌다. 정백이 8·15해방 바로 직전 송진우측과 교섭한 일은, 여운형 개인의 구상이었다기보다는 안재홍이 더욱 적극성을 띠고 나온, 민족대회를 소집하려는 표면운동의 연장이었다.

19) 안재홍·여운형 등 통일전선 세력이 송진우측과 협의한 내용은 앞의 『朝鮮解放年譜』, 79~80쪽. 이 자료에는 양측을 '呂氏側'·'宋氏側'이라 표현하였다.

20) 李萬珪, 『呂運亨先生鬪爭史』(民主文化社, 1946. 5), 204쪽 : 『傳記』, 437·439쪽.

21) 5당회의가 열릴 즈음에 안재홍이 某 임정요인을 찾아가 '民族主義 陣營에서 領導權을 잡게 되는 限 法統은 問題 없이 될 것이니, 한번 法統問題를 푹 덮어 놓고 白紙로 출발한다는 것을 승인토록은 안될 것인가'고 물어 보았으나, 可望없는 일인 줄 알았다고 회고하였다. 「民政長官을 辭任하고」, 『選集』2, 268쪽.

22) 안재홍이 '임정법통론'을 어떻게 인식하였는지는 김인식, 「좌우합작운동에 참여한 우익주체의 현실인식 변화」, 『근현대사강좌』통권 제11호(한국

현대사연구회, 2002. 2),
181~185쪽을 참조.
23) 「純正右翼의 集結」
(1947. 10 『漢城日報』),
『選集』2, 211~212쪽.
24) 안재홍은 자신이 건
국준비위원회에 참여·활
동한 의도가 민족주의자
와 계급주의자의 협동통
일로써 臨時로 過渡的인
任務를 수행하는 데 있
었다고 밝혔다. 또 인민공
화국이 형성되지 못하도
록 방지하였더라면 중경
임시정부가 귀환하여 '臨
時政府의 正統政府의 노
릇에 아모런 支障'이 없
었을 터이므로, 오늘날과
같은 혼란을 피하고 건국
사업은 훨씬 순조롭게 성
취되었으리라고 전망하
며, 인민공화국을 비판하
였다. 安在鴻, 「內外情勢
와 建國展望」, 『大潮』
(1946년 1월호), 7~8쪽.
25) 金俊淵, 『나의 人生白
書』(康友出版社, 1968. 3),
156쪽 : 『傳記』, 458쪽.
26) 한 논자는 송진우를
"平生을 한 저널리스트로
보내리라고는 생각지 아
니한다. 그리하기에 氏는
너무도 政治的으로 頭腦
가 생겨졌다."고 평한 뒤
"앞으로 政治의 舞臺가
許與된다면 그때에 비로
소 氏의 氏다운 活動과
面目이 나올 것이다."고
예견하였다. 白菱, 「東亞
日報社長 宋鎭禹氏 面影」,
『彗星』제1권 제1호(1931년
3월호)(『文集』, 140쪽).
또 다른 논객도 송진우를
"謀略縱橫의 가장 活動的
인 政客이다. 朝鮮 안의

을 해명하고 시국에 대처하는 해법을 제시하면서도, 중경임
시정부를 '추대'하여 이를 중심으로 국가건설을 주도해 나
가야 한다는 건국 전략은 전혀 언급하지 않았다는 사실이다.
이는 '절대지지론'의 본질을 말하여 준다

송진우는 연합국의 대한정책이 확인되는 기회를, 자신이
정국을 주도할 계기로 인식하고 총독정치의 현상유지를 주
장하였다. 이와 같은 '연합국 직접 상대론'과 '현상유지론'
[28]은 현실주의 노선에 따른 정확한 정세인식이었다. 이 점에
서 그가 내걸었던 '절대지지론'은 '연합국 직접 상대론'의
전략을 깔고, 건국준비위원회·인민공화국을 타도하기 위
한 대안 전술이었다.

'오랫동안 沈默'을 지키던 송진우는 "八月末에 와서야 겨
우 활동을 開始"하여,[29] 9월 7일 국민대회준비회를 결성하고
위원장을 맡았다. 그가 국민대회를 준비한 목적은, 미군이
진주한 상황에 대비하여 정권을 인수할 요건을 갖추고 이를
전국민의 의사를 통합·대변하는 일종의 국민의회로 발전
시키려는 데 있었다.[30] 그리고 이 대회는 중경임시정부를
'절대 지지'하며 연합국에 감사를 표명하였다.[31]

9월 4일 겨우 발기총회를 연 한국민주당은 인민공화국이
출현한 데 위기감을 느끼고, 창당도 하기 전인 9월 8일 발기

인 6백여 명의 명의로 「결의」와 함께 인민공화국을 배격·규탄하는 성명을 서둘러 발표하였다.[32] 이 「결의」와 「성명서」는 인민공화국과 중경임시정부의 界線을 가르고 해방정국의 정치세력을 적대하는 이분법으로 나누는 출발점이 되었다. "우리 獨立運動의 結晶體이오 現下 國際的으로 承認된 大韓民國臨時政府"로 시작하는 「결의」는 중경임시정부가 국제사회에서 '정부'로 승인받았음을 아예 못박고, "政權을 僭稱"하는 모든 단체와 행동을 '斷乎 排擊'한다고 선언하며 인민공화국을 곧바로 겨누었다. 그리고 「성명서」는 '점잖지 못한 표현'[33]으로 여운형·안재홍과 인민공화국에 적대감을 드러내어 공격하였다.[34] 또 "海外의 臨時政府는 國際的으로 承認받은 것도 아니오"라고 주장하는 '邪徒'들에게, 중경임시정부가 "「카이로」會談의 三巨頭로부터 承認되고 桑港會議에 代表를 派遣한 事實을 君等은 왜 일부러 隱蔽하려는가"하며 공박하였다.[35] 이 「결의」와 「성명서」는, 사실을 조작하여 허위과장법을 휘두르면서 동시에 정적을 공격하는, 8·15해방 후 우익 데마고기의 전형을 보여주는 첫 번째 실례였다. 한국민주당의 '임정추대론'은 정적을 친일파·민족반역자로 매도하는 선동과 맞물려 있었다.

남한에 미군정이 실시되자, 미군정이 남한에서 유일한 정

人物로서는 政治家로서의 그럴듯한 素質이 第一 富한 人物은 宋氏일 것이다."고 평가하였다. 黃錫雨, 「나의 八人觀」, 『三千里』총25호(1932년 4월) (『文集』, 142쪽).

27) 『傳記』, 445~446쪽. 그런데 『傳記』에 따르면, 이 자리에서 송진우는 중경임시정부를 일체 언급하지 않았다.

28) 1945년 9월 20일 미군정은 군정청을 발족시켜 일제의 식민통치기구와 법률을 그대로 계승한 채 직접통치를 실시하였으며, 일제 잔재 세력을 점령·지배의 보조로 삼았다. 미군정은 총독부의 행정기구를 그대로 존속시키고 일본인 관리를 유임시키면서, 미군 장교들이 직무를 임시로 대행하고 점차 각 행정기구 안에 조선인을 임용한다는 방침을 세웠다. 宋南憲, 『解放三年史』 I (까치, 1985. 9), 99~102쪽.

29) 1945년 8월 30일에 와서야, 송진우는 미군이 9월 7일에 京城에 들어온다는 말을 듣고 '急速히 計劃을 進行' 시켰다. 金俊淵, 「政界回顧一年」, 7·13쪽; 李起夏, 『韓國政黨發達史』(議會政治史, 1961. 3), 54쪽.

30) 『傳記』, 451쪽은 송진우가 '국민대회를 계획한 것도, 민중의 의사를 존중하여 민중의 총의와 신임을 토대로 정권 인수 요건을 갖추기 위해서였다.'고 기술하였다. 李仁에 따르면, 송진우는 8월

하순경 이인에게 "國家가 建立되자면 國會가 있어야 하지 않겠소? 나는 國會開設準備로 각층을 망라한 國民大會準備會를 發起할까 하오."하며, 협력을 요청하였다. 李仁, 「解放前後 片片錄」, 363쪽. 분명 송진우는 정당보다 더 큰 구상을 하고 있었다. 그는 한국민주당을 창당한 뒤에도, 국민대회준비회를 해체하지 않고 그대로 존속시켰다. 그는 국민대회준비회를 "해외의 망명동지들이 환국한 다음에 완전 독립의 총협의체로 재편성하여 활용할 심산"이었으므로("傳記」, 460쪽), 중경임시정부가 귀국하면 이 대회를 근거로 이들을 추대 또는 흡수하려 하였다. 沈之淵, 「古下 宋鎭禹」, 韓國史學會 編 「韓國現代人物論」Ⅰ(乙酉文化社, 1987. 7), 108~109쪽. 송진우는 국민대회와 '중경임시정부지지'를 내세워 인민공화국에 대항하여 우파 세력을 연합시키는 동시에, 장차 중경임시정부가 귀국하면 이와 연합할 수 있는 정치 기반을 만들려 하였다. 중경임시정부는 국내에 기반이 없으므로, '국민대회'가 실현되면 이에 합류할 수밖에 없으며, 설사 중경임시정부를 중심으로 정부가 수립되더라도 일정한 발언권을 확보할 수 있으리라고 생각하였다. 윤덕영, 「고하 송진우의 생애와 활동」, 한국정신문화연구원 편,

부라는 군정의 방침을 확인한 송진우는, 공산당에 대항하는 강력한 우익 정당을 결성할 필요성을 느끼고, 한국민주당을 창당하는 데 국민대회준비회를 참가시켰다.[36] 9월 16일 창당한 한국민주당은 창당 선언문에서 "중경의 대한임시정부를 광복 벽두의 우리 정부로서 맞이하려 한다."고 선언하였다.[37] 건국준비위원회·인민공화국과 박헌영 등 공산측과 정면대결하여 이들 세력을 '분쇄'하는 목표로,[38] 당수 없이 총무제(송진우는 수석총무였다)로 발족한 한국민주당은 '중경임시정부 절대 지지'를 전술로 내걸었다.

2) '중경임시정부 영립보강론' : 민족주의주도권을 세우는 전략

안재홍은 신간회운동 때부터 온갖 비난을 받으면서도 '열렬한 協同論者'이었으므로, 8·15해방 후에도 공산주의자와 민족주의자는 마땅히 '협동'해야 한다고 강조하였다.[39] 그러나 그가 말하는 '民共協同'은 民(민족주의자=민주주의자)·共(공산주의자)이 질과 양에서 대등하게 협동함이 아니라, 민족주의 세력이 앞장나서 '건국'을 주도하여 권력을 장악하고, 공산주의자는 이를 제2선에서 지지하는 형태를 의미하였다. 안재홍이 건국준비위원회에 참여한 목적은, 일제

가 패퇴한 해방 공간에서 민족주의자가 주도하는 민공협동을 이뤄내, 치안유지를 비롯하여 독립정부 수립을 지향하는 과도기의 정치운동기관, 나아가 과도정권을 구성하고, 이를 밑받침으로 삼아 민족주의 세력이 영도하는 자주독립국가를 건설하는 데에 있었다. 그는 건국준비위원회 안에 민족주의 세력을 확대·강화하여 민족주의주도권을 세우고, 이로써 민족주의자들이 건국 과정을 주도하고자 하였다. 이러한 선결과제를 해결하기 위하여 그는, 건국준비위원회에 참여할 당시 중경임시정부 문제를 제기하지 않았다.[40] 건국준비위원회에서 민족주의주도권을 확립하고 건국사업을 이끌어 간다면 중경임시정부를 '영립보강' 하는 일은 해결되리라 생각하였기 때문이다.

그러나 건국준비위원회 안에서 민족주의주도권을 확보하려는 노력도 결국 실패하고, 건국준비위원회가 인민공화국으로 좌경화·정부화하자, 안재홍은 건국준비위원회를 탈퇴하면서 '중경임시정부 지지'를 당면과제로 내걸었다. 이제 그는 진정한 민공협동으로 건국사업을 이끌어갈 구심점·주체로 중경임시정부를 내세웠다. 안재홍은 민족주의 세력을 통합·강화하는 일과 민공협동을 표리관계에 있는 동시 과제로 인식하였다. 이는 곧 진정한 민주주의국가를 수

『한국현대사인물연구』 2(백산서당, 1999. 11), 144~145쪽.
31) 金俊淵, 「國民大會의 發端」, 『東亞日報』(1945. 12. 2)(『獨立路線』, 11~14쪽). 송진우는 건국준비위원회·인민공화국을 공산당의 母體로 규정하고, 국민대회를 민족진영의 모체로 삼아, 이로써 聯合軍政을 대하여 국민의 대변을 담당하고자 하였다. 『傳記』, 451~457쪽. 그런데 「國民大會準備會趣旨書」는 "우리의 政府 우리의 國家代表는 己未獨立 以後로 具現된 大韓臨時政府가 最高요 又 唯一의 存在일 것이다."고 선언하고, 「國民의 總意로서 우리 大韓臨時政府의 支持를 宣誓할 것」을 당면과제로 제시하였지만, '절대 지지' 라는 표현은 쓰지 않았다. 『韓國日報』(1955. 8. 20)國史編纂委員會, 『資料大韓民國史』 1(探求堂, 1968. 12), 57~59쪽. 앞으로 『資料大韓民國史』를 『資料』로 줄임). 그러나 김준연은 「위의 글」에서 「國民大會의 主旨는 重慶에 있는 大韓民國臨時政府 絶對支持를 明白히 表示하자는 것」으로 「臨時政府 絶對支持를 決議」하였으며, "宋氏를 發案者로 한 國民大會準備會 運動은 在重慶 우리 臨時政府 絶對支持 運動을 展開케 하여 今日의 形勢를 馴致케 한 것이다."고 기술하였다. 송진우도 자신이 8월 15일 이

립하는 길이었다. 민족주의주도권의 민공협동을 달성하기 위하여, 민족주의 세력이 무엇을 구심점으로 삼아 어떻게 강화되어야 하는가 하는 과제는, 바로 중경임시정부를 과도정부로 추대하는 지향점과 밀접한 관계가 있었다.

안재홍이 중경임시정부를 '최대한 지지'한다고 명백히 공표한 때는 건국준비위원회를 완전히 탈퇴하는 9월 10일이었다. 그는 이 날 발표한 성명에서,[41] "重慶臨時政府에 최대한 임무를 허용하는 것이 당면 必需의 政策이라고 믿는다."고 선언하였다. 그는 "重慶臨時政府를 全的으로 承認하느냐. 萬一 이의 改造를 要하느냐는 금후의 事實問題로 미뤄두고, 重慶臨政을 基準으로 하루바삐 新國家 建設 政權으로 하여 급속히 國內秩序를 確立하고 써 統一民族國家 建設"하는 일이 '긴급 당면한 정치적 요청'[42]이라고 주장하였다.

안재홍이 중경임시정부를 지지하는 근본 논리는, 한민족이 현단계에서 당면한 문제를 해결하려면 '政令'을 행할 수 있는 정부, '건국정부'를 시급히 수립해야만 비로소 가능하다는 인식에서 출발하였다. 그가 "中央의 新政府 建設과 全國家 全領土에 대한 政令의 統一을 第一主義로 돌진키로 하자. 그것이 당면 最大한 要務이다. 여기에 배반하는 것은 모든 것이 허위요 죄악"[43]이라고 강조한 까닭도 여기에 있

후 "우리 대한민국임시정부를 지지해야겠다는 것"을 주장해 왔으며, 국민대회준비회를 결성하여 "첫째로, 대한민국임시정부 절대 지지를 결의"하였다고 밝혔다. 宋鎭禹, 「年頭所感」, 『先鋒』제2권 1호 (1946년 1월)[沈之淵, 『韓國民主黨研究』I (풀빛, 1982. 12), 175~176쪽]. 한국민주당은 1945년 12월 6일 중앙집행위원회를 개최하고 "우리 臨時政府를 繼續 支持하는 全國民運動을 展開하여 國際承認을 促進할 것"을 결의하였다[『東亞日報』(1945. 12. 7)(『資料』1, 535쪽)]. '절대 지지'라는 표현은 한국민주당이 발표한 다른 문건에도 많이 보이는데, 중경임시정부가 환국한 뒤 고무된 분위기에서 '절대 지지'라는 표현을 띄웠다고 생각한다. '중경임시정부 절대지지론'이라 개념화한 표현은 이에 근거를 두었다.
32) 『資料』1, 60~61쪽.
33) 宋南憲, 『앞의 책』I, 121쪽.
34) 「성명서」는 건국준비위원회 · 인민공화국이 성립하는 과정과 활동, 안재홍 · 여운형과 건국준비위원회, 여운형과 인민공화국의 관계에서 드러난, 중경임시정부를 '否認'하는 '叛逆的 言動' · '發惡'을 규탄하였다. 그리고 여운형 · 안재홍을 '邪徒' · '邪輩'로 지칭하며, 이들이 小磯 총독과 의논하여 합법운동을 일으키려 하

었다.

　통일된 중앙정부를 시급히 수립해야 하는 과제는 모든 정치세력이 시인하는, 민족문제를 해결하는 원론이었으나, 중앙정부를 수립하는 방법에서 좌우익은 방향을 전혀 달리 하였다. 안재홍은 좌익 계열이 인민공화국을 組閣하여 정부화하는 데 단연 반대하였다. 그는, 이미 임시정부의 형태로 조직되어 있는 중경임시정부를 과도정부로 삼아 추진하는 건국운동이, 민족주의 세력이 국가건설의 주도권을 장악하여 정식정부를 수립하는 가장 손쉬운 길이라고 인식하였다. 그래서 "正式政府는 하로밥비 나와야 할 것이나 그는 大韓民國臨時政府를 迎立 補强함이 가장 쉬운 方法"이라고 주장하였다.[44] 안재홍이 중경임시정부를 지지함은 인민공화국을 부정·배격하는 전술의 차원을 넘어, 중경임시정부를 중심으로 민족주의 세력을 통합·강화하고, 궁극에서 민족주의 주도권 아래 정식정부를 수립하려는 전략이었다. 그에게 중경임시정부가 지니는 구심점과 영양력이야말로, 인민공화국을 해체시키고 민족주의 진영이 영도하는 국가를 수립하는 데에 필요한 '정치적 요청'이었다.

　안재홍이 중경임시정부를 '영립보강' 해야 마땅하다고 주장한 까닭은, 이것이 한민족 안에서 민족주의주도권을 다지

였고, "朝鮮의 라우렐이 될 것을 꿈꾸"었으며, "治安維持 協力의 委囑을 받고 피를 흘리지 않고 政權을 奪取하겠다는 野望을 가지고 나선 日本帝國의 走狗이다."고 몰아붙이면서 격렬하게 비난하였다.

35) 여운형·안재홍은 엄연한 사실을 은폐하려 하지 않았으나, 한국민주당은 실패한 중경임시정부의 외교를 성공한 냥 조작하였다. 중경임시정부가 미국을 비롯한 연합국에게서 망명정부로 승인받지 못하고 '개인자격'으로 귀국하였으며, 「카이로 선언」의 'in due course'가 '즉시독립'을 뜻하지 않고, 일정한 시기까지 독립을 유보시키는 신탁통치를 가리켰음은 당시에도 다 아는 바였다. 1945년 4월 열린 샌프란시스코 회의가 전후 국제안전보장기구를 발기하는 연합국의 모임이었으므로, 중경임시정부가 이에 참여하려고 온갖 노력을 기울였음은 사실이다. 중경임시정부는 참가자격이 3월 1일 이전 일본·독일에 선전포고한 국가에 한한다는 사실을 알고, 서둘러 중경임시정부의 의정원을 소집하여 2월 28일 대독 선전포고를 하였다. 이어 3월 5일 대표를 파견하겠다는 뜻을 미국정부와 동맹국에 통고하고, 주미 외교위원회는 한국대표가 참가하도록 노력하였으나 끝내 참가 자격

을 얻지 못하였다. 이유는 바로 얄타회담이 폐회하기 전까지 중경임시정부가 연합국의 자격을 취득하지 못하였으며, 또 한국의 임시정부가 승인을 받지 못하였다는 데 있었다. 俞炳勇, 「大韓民國臨時政府의 外交와 列强의 反應」, 『정치외교사논총』제14집(韓國政治外交史學會, 1996. 11), 181~182쪽. 샌프란시스코 회담이 열릴 때, 여운형도 한민족의 독립운동을 국제사회에 선전하기 위하여 1945년 4월 金熙淳을 연안에 파견하고, 거기서 '조선건국동맹'의 이름으로 샌프란시스코회의에 축전을 보내려고 시도하였으나, 도중에 교통 장애로 성취하지 못하였다. 李基炯, 『몽양 여운형』(실천문학사, 1993. 5), 257쪽.

36) 송진우가 '정당의 시기상조론'을 주장한 데에는 분명한 이유가 있었다. 그는 8·15 전후 연합군을 직접 상대하여 건국을 준비한다는 구상을 가졌듯이, 미군정의 정책 방향을 확인한 뒤 정치활동을 본격화하려고 생각하였다. 그렇다면 미·소가 각기 남북한에 군정을 실시하면서 국내정세는 '백팔십도의 전환'을 가져왔고, 이에 공산당에 대항할 '강력한 민족진영 정당'의 필요성을 느꼈다는 『傳記』, 458쪽의 서술은 송진우의 의중을 정확하게 지적하였다고 볼 수 있다.

37) 宋南憲, 『앞의 책』I,

는 문제에서 더 나아가, 외세의 간섭을 배제하고 한민족의 '자주력'으로 건국정부를 세우는 자력건국의 지름길이라고 인식하였기 때문이다. '영립보강론'은 민족자결·자력건국의 이상을 실현하는 실천론이었다.[45] 안재홍은 탁치문제와 관련하여 "善意의 干涉도 도리어 自主的 成長을 沮害"하므로 "우리들의 自主力이 도리어 迅速 正常한 解決의 길이 될 것이다."고 결론을 제시하였다. 이를 위해 "民族戰線의 合同 統一을 時急히 完遂해서 우리 問題를 自主的으로 解決할 實力"을 보여야 한다고 강조하였다.[46] 여기서 안재홍이 '자주력'이라고 표현한 해법은, 중경임시정부를 과도정부로 삼아 자력으로 '건국정부'를 수립하는 방법을 가리켰다.

'영립보강론'은 중경임시정부가 국제사회에서 승인 받은 과도정부의 자격으로 執政하고, 국내외에서 활동한 모든 혁명역량을 집결시켜 중경임시정부를 보강·확충하여 — 중경임시정부 그대로가 아니라 — 이로써 신국가건설을 추진하는 건국정부(=정식정부)로 발전시키자는 건국방침이었다. '영립보강론'에는 중경임시정부의 정통성을 인정하면서도 역량의 한계성을 인식하고, 모든 민족해방운동 세력의 역량을 민족통일전선으로 포용해야 한다는 전제가 깔려 있었다. 안재홍은 좌우합작운동에 참여하기 전까지 무양무양하리

만큼 이를 뭉근하게 실천하였다.

4. '중경임시정부 추대론'의 비교

1) 공통점

지금까지 '절대지지론'과 '영립보강론'의 논리를 각각 살펴보았다. 두 주장은 세부의 논리에서는 차이가 있지만, 우익 계열이 인민공화국에 대항하여 중경임시정부를 건국운동의 구심점·주도력으로 내세워 과도정부로 삼고, 이를 정식정부로 발전시켜야 한다고 공론화한 데에서 '임정추대론'으로 일반화할 수 있는 공통분모를 가졌다. 좌익 계열이 건국준비위원회에서 인민공화국으로 이어나가며 정국의 주도권을 먼저 잡은 정세에 대응하여, 우익 계열은 '임정추대론'을 내걸었다. 안재홍·송진우도 인민공화국에 대립(안재홍)·적대(송진우)하여 정국의 주도권을 장악하기 위한 방편으로 중경임시정부를 정치현실로 '요청'하였으며, 이를 '임정법통론'[47]으로 뒷받침하였다는 데 두 사람의 공통점이 있었다.

그러면 송진우는 '임정법통론'을 어떻게 생각하였는가. 그는 1945년 9월 7일 열릴 국민대회준비회에 내걸 결성강

123~127쪽.
38) 李仁, 「앞의 글」, 264쪽. "八月 十六日부터 韓國民主黨 創黨하는 데 參劃"하였다고 주장하는 조병옥은 "韓國民主黨의 첫 事業은 解放 直後 재빠르게 結成한 建國準備委員會와 同年 九月 六日에 左翼分子를 中心으로 組織한 所謂 朝鮮人民共和國을 去勢하는 데 있었던 것"이라고 아주 솔직하게 한국민주당이 출현한 이유를 밝혔다. 건국준비위원회마저 "蘇聯軍의 指令을 받고 組織"되었다고 믿는 그는, 한국민주당이 건국준비위원회를 '타도'한 다음 인민공화국·인민위원회·민주주의민족전선 등 "左翼集團을 聲討打倒하는 데 重大한 役割"을 하였음을 자부하였다. 趙炳玉, 『나의 回顧錄』(民敎社, 1959. 8), 144~146쪽. 조병옥이 말한 데에서 알 수 있듯이, 우익 세력이 한국민주당을 창당한 목적은 중경임시정부를 중심으로 건국운동에 매진하는 데 있지 않았다. 이들이 내건 '절대지지론'은 국가건설의 전략이 아니라, 정적인 건국준비위원회·인민공화국을 '타도'·'거세'하고 정국의 주도권을 장악하기 위한 정략·전술이었다.
39) 「韓民族의 基本進路 - 新民族主義 建國理念」(1949. 5 刊行), 『選集』 2, 352쪽.
40) 김인식, 「앞의 논문」(1998. 12), 49~54쪽.

41) 「(聲明)朝鮮建國準備委員會와 余의 處地」(1945. 9. 10), 『選集』2, 13쪽.

42) 여기서 '정치적 요청'은 정략의 의미가 아니라 '역사적 요청'과 같은 뜻이다.

43) 「新民族主義와 新民主主義」(1945. 9), 『選集』2, 55쪽.

44) 고심백, 「各黨各派의 人物記」, 『民心』(1945년 11월), 40쪽. '중경임시정부 영립보강론'이라는 용어는 이 글에서 따왔다. 안재홍은 중경임시정부를 '최대한 지지'‧'전면적 지지'한다는 표현도 사용하였다.

45) 김인식, 「안재홍의 중도우파 노선과 민족국가 건설 운동」, 『한국민족운동사연구』39(한국민족운동사학회, 2004. 6), 164~167쪽.

46) 1945년 10월 20일 미국무성 극동국장 빈센트(Carter Vincent)가 朝鮮信託管理制를 발언하자, 모든 정치세력이 거세게 반발하였다. 그러나 안재홍은 10월 24일 신탁관리제와 관련하여 자신의 견해를 신중하게 표명하였다. 『每日新報』(1945. 10. 24)(『資料』1, 303~304쪽).

47) '임정법통론'은, 3‧1 민족해방운동으로 표출된 전민족의 독립주권 열망에 기반을 두고 수립된 대한민국임시정부가, 민족주권의 정통성을 계승한 유일한 민족대표기관

령을 4항목으로 구상하였는데, 이 가운데 중경임시정부와 관련이 있는 3항은 "중경에 있는 임시정부의 법통(3‧1운동의 법통)을 지지한다"고 선언하였다.[48] 이 3항은[49] 김준연이 국민대회에서 "在重慶 우리 臨時政府 絕對支持 運動을 展開"한다고 표현한 바와 비교하면, 중경임시정부를 지지하는 강도가 너무 약하다. 또 '3‧1운동의 법통'과 해방 공간 현재의 '중경임시정부의 법통' 사이에 괴리가 있는 듯, 무언가 단서를 깔고 유보하는 느낌을 준다. 사실 『傳記』는 송진우가 '임정법통론'을 인정하였음을 아주 조심스레 머뭇거리며 마지못해 기술하였다.[50] 『傳記』에 따르면, 송진우가 '임정추대론'을 내건 근거는, 대한제국 황제의 통치권을 계승한 유일한 통치기관은 대한민국임시정부뿐이라는 '統治權源의 정통성에 관한 해석에 입각'하였다. "국권회복과정에서 (중경임시정부가 : 인용자) 정치권력을 장악해야 한다는 法統"을, 송진우는 이러한 '임정의 민족사적 정통성'에서 인식하였을 뿐이다. 그렇기에 『傳記』는 송진우가 "임정을 잘 몰라서 막연한 환상을 가지고 임정을 지지한 것은 아니었다."고 변명하였다.[51]

그러나 송진우‧한국민주당이 건국준비위원회‧인민공화국을 '타도'하기 위한 전술로 중경임시정부를 '추대'하면서

중경임시정부의 정통성·법통성을 들레게 주장하였음[52]은 분명한 사실이었다. 1945년 9월 8일 발기인 명의로 발표한 성명에 잘 나타났듯이, 한국민주당은 중경임시정부의 정통성의 근거를 다음같이 제시하였다. 첫째, 현 임시정부 요인들이 기미독립운동 당시의 요인이다. 둘째, 상해사변·支那事變·대동아전쟁 ─ 한국민주당은 일제가 사용하였던 이 용어들을 그대로 반복하였다 ─ 이 발발한 뒤 중국 국민정부와 미국정부의 지지를 받아 중경·워싱톤·사이판·오키나와 등지를 전전하였다. 셋째, 카이로 회담의 세 거두(루즈벨트·처칠·스탈린)에게서 승인을 받았고, 샌프란시스코 회의에 대표를 파견하였다. 따라서 민족독립운동의 결정체이며 현재 국제사회에서 승인받은 중경임시정부를 지지해야 한다.[53] 한국민주당은 이와 같이 강경한 어조로 '임정법통론'의 배타성을 주장하였지만, 이 세 가지 가운데 첫 번째를 제외하고는 사실이 아니었다.[54]

안재홍 역시 '임정법통론'에 근거를 두고 '중경임시정부 추대'를 주장하였다. 그는 중경임시정부의 영향력을 구심점으로 삼아 인민공화국을 해체·흡수하고, 민족주의주도권 아래 정식정부를 수립하는 일을 통일민족국가를 이룩하는 '정치적·역사적 요청'으로 인식하였다.

이자 '法統政府'라는 인식 아래, 임시정부 세력이 헤게모니를 보장받아, 이를 정치·조직의 면에서 계승한 독립정부를 세우자는 정치노선을 가리켰다. 李庸起,「1945~48년 臨政勢力의 정부수립구상과 臨政法統論」,『韓國史論』38(서울大學校 人文大學 國史學科, 1997. 12), 171~174쪽. 이용기가 개념규정한 '임정법통론'은 매우 적절하다. 이는 중경임시정부를 추대하는 정치세력들이 내걸은 공통된 인식이었다.

48) 『傳記』, 451~457쪽.

49) 이 3항은 이 대회의 「취지서」가 선동 섞인 어조로 "國民의 總意로서 우리 在重慶 大韓臨時政府의 支持 宣誓할 것"을 결의한 적극성과도 비교된다.(『每日新報』(1945. 9. 8), 『한국일보』(1955. 8. 20)『資料』1, 57~59쪽).

50) 『傳記』는 8·15해방을 앞두로 하여 송진우가 '임정추대론'을 내걸었다는 주장을 드러내서 서술하지 않았다. 잘못 헤아렸는지 모르지만, 『傳記』에는 '고하의 임정추대론'이라는 말이 한 번 있고, '법통'이라는 말이 몇 차례 있을 뿐이다. 8·15당일 '물밀듯이' 송진우를 찾아든 '동지들'이, 그가 총독부측의 정권 인수 교섭을 받아들이지 않은 태도를 힐난하자, 그는 이를 해명하면서도 중경임시정부를 전혀 언급하지

않았다. 『傳記』는 송진우
가 '임정추대론'을 정치
노선으로 내걸었음을 가
리고자 하였는데, 이유는
두 가지로 볼 수 있다. 첫
째, 『傳記』도 지적하였듯
이, 중경임시정부의 고압
스런 자세로 한국민주당
과 불협화음이 몇 차례
있었고, 이는 한국민주당
이 '절대지지론'을 철회
한 겉의 이유였다. 1945
년 11월 말 송진우가 중심
이 되어 모금한 뒤 한국
민주당이 전달한 후원금
을, 중경임시정부측이 '淨
財아닌 돈'이라고 是非하
여 격론이 벌어졌다. 회의
장은 폭언과 폭설로 수라
장이 되었다. 이 일은 송
진우의 심기를 건드렸고
그의 자존심을 크게 상하
게 하였다. 또 12월 중순
임시정부요인들을 환영하
기 위하여 마련한 國一館
연회에서 중경임시정부
요인들이 한국민주당을
겨냥하여 '국내 인사 친
일론'·'국내 지도자 숙
청론'을 제기하였다. 이런
중경임시정부 요인들의
고압스런 태도로, 송진우
가 '종전과는 다른 臨政
觀'을 갖게 되었다. 『傳
記』, 475~477쪽. 장택상
은 중경임시정부의 '고자
세'를 보면서 중경임시정
부가 서울에 도착하던
"바로 그 날부터 실망"하
였고, '臨政 인사'에 대한
'나쁜 인상'을 미군정 3
년간 지우지 못하였다. 그
는 중경임시정부가 '고자
세' 때문에 정권을 계승
하지 못하였고, 이승만에

1945년 9월 29일 국민당은 「맥아더元帥에게 제출할 결의
문」을 발표하였는데,[55] 중경임시정부를 '최대한 지지'하는
근거로 ①중경임시정부는 '己未運動' 이래 민족운동에서
'지도적 위치'에 있었으며, ②민족운동을 대표하는 '국제적
지위'를 차지하고 있다는 두 가지를 들었다. 그리고 중경임
시정부를 "基準으로 統一民族國家建設에 大業을 完成하는
建國政府를 하루바삐 出現시키는 것이 現段階에 있어서의
歷史的 要請"이라고 강조하였다. 이때 중경임시정부는 '건
국정부'를 출현시키기 위한 과도정부의 의미를 지녔다. 이
와 같은 논리는, 이후 국민당이 한국독립당과 합당하는 정당
성을 주장하는 논거로 이어졌다.[56]

위의 「결의문」은 '법통성'·'정통성'이란 말을 사용하지
는 않았지만, 3·1민족해방운동을 '임정법통론'의 근거로
제시함은 한국민주당·국민당 뿐만 아니라, 모든 우익 계열
이 일치하는 바였다. 또 중경임시정부가 '국제사회'에서 인
지되어 차지하는 비중을 인정하였다는 데에서 '임정추대론'
으로 일반화할 수 있는 공통점을 지녔다. 그러나 '영립보강
론'이 중경임시정부를 가리켜 '민족운동을 대표하는 국제적
지위'라 인식한 태도와, '절대지지론'이 중경임시정부가
'국제적 승인'을 받았다고 허구사실을 조성한 표현 사이에

는 매우 커다란 질의 차이가 있었다.

2) 차이점

①논리의 차이

'절대지지론'과 '영립보강론'의 의도와 진실성·일관성을 판단하는 데는 식민지시기 민족해방운동의 행태라는 배경, 또 중경임시정부를 얼마만큼 객관성 있는 사실에 근거를 두고 평가하였는가 하는 점이 매우 중요하다. 앞서 보았듯이 8·15해방 직전 안재홍과 송진우가 시국에 대처하는 행동양식에는 커다란 차이가 있었고, '절대지지론'과 '영립보강론'은 각기 이러한 정치행태를 배경으로 제기되었다.

8·15해방 전후 안재홍이 보였던 발바른 주도력은, 중경임시정부에 일체를 미뤄 놓는 추종보다는, 민족주의주도권을 세워 건국을 주도한다는 전략으로 중경임시정부를 '추대'하였다. 이 점에서 '보강론'은 '민족주의주도권'이 선행되는 '역사적 요청'이었다. 반면 '절대지지론'은 객관성에 근거를 둔 사실판단에서 출발하지 않았으며, 오히려 과장과 허위사실로 대중을 선동하는 데마고기의 성향을 지니고 있었다. 그러면 '절대지지론'과 '영립보강론'의 논리·본질의 차이는 무엇일까. 양자의 차이점을 비교함으로써 두 개념을

게 통치권이 넘어갔다고 비판하였다. 張炳惠·張炳初 편, 『滄浪 張澤相 自敍傳』(滄浪 張澤相 紀念事業會, 1992. 9), 120~122쪽. 이처럼 송진우·한국민주당은 중경임시정부의 고압스런 자세 때문에 '임정추대론'을 거둬들였다고 주장하였다. 따라서 논리의 일관성 문제로 『傳記』는 '임정추대론'을 서술하기가 어려웠다. 『傳記』에 따르면, 한국민주당·송진우가 '임정추대론'을 완전히 거둬들인 때는 12월 중순이었다. 둘째, 이는 근본에 해당하는 문제이지만, 한국민주당·송진우는 중경임시정부를 '추대'할 의사가 애초 없었다는 사실이다. 한때의 전술을 장황하게 서술할 이유가 없었다.
51) 『傳記』, 474~475쪽.
52) 한국민주당은 건국준비위원회가 '여운형을 선두로 소수의 친일파로 조직'되었으며, 38도 이북의 지방인민위원회는 '蘇軍의 절대지배하에 조직'되었고, 38도 이남의 인민위원회는 '건국준비위원회 이래 일본인의 기부와 친일파의 자금으로써 선동되어 조직된 것임은 천하 공인의 사실이다.'고 비방하면서 인민공화국을 매도하였다. 그리고 '국내에서 온갖 타협·주구 노릇하던 幾個의 인물이 해방 후 제힘으로 해방된 것같이 과장하는 죄는 실로 비할 데 없다.'고 격렬하게 비난한 뒤 "인민공

화국의 반역적임과 친일성을 확인하고 재외 대한민국임시정부만이 우리 정통정부란 것을 지지·역설'하였다. 「所謂 人民代表大會를 粉碎함」(단기 4278. 11. 22 한국민주당), 「韓國民主黨小史(韓國民主黨宣傳部, 1948)〔沈之淵, 『韓國現代政黨論 - 한국민주당연구Ⅱ』(創作과 批評社, 1984. 4), 286~288쪽).

53) 『資料』1, 60~61쪽 : 沈之淵, 「大韓民國의 光復과 臨時政府의 正統性」, 『정치외교사논총』제14집(韓國政治外交史學會, 1996. 11), 146쪽.

54) 중경임시정부가 연합국에게서 '승인'을 받지 못하였음을, 민중들이 분명하게 알게 된 뒤, 송진우·한국민주당은 사실 부분을 수정하여 겉으로는 여전히 '절대지지론'을 주장하였다. 송진우는 자신이 8·15 이후 중경임시정부를 '절대 지지'한 '대의명분'을 세 가지로 제시하였다. ①임시정부는 己未혁명 당시 우리의 총의로 수립된 정부이다. ②30년간 악전고투하여 드디어 카이로회담의 선언을 결실했다. ③민주주의 제 국가가 임시정부로 대우하고 성원을 아끼지 않았다. 따라서 "우리가 임시정부를 우리 정부로 추대하여 국제승인을 요청"하여야 한다고 주장하였다. 앞의 「年頭所感」.

55) 『每日新報』(1945. 9. 30)(『資料』1, 164~165쪽).

분명하게 정의해 본다.

'절대지지론'과 '영립보강론'의 차이가 대비되어 드러난 때는 중경임시정부가 개인자격으로 환국한 이후였다. 중경임시정부 요인들이 제1차 환국(1945. 11. 23)한 뒤, 11월 27일 송진우·안재홍은 김구와 요담하였다. 안재홍에 따르면, 그는 송진우와 동석하여 김구와 공동회견하였는데,[57] 이 자리에서 송진우는 안재홍이 발언을 끝내자, 김구에게 다음 3가지를 '進言'하였다. ①"民族主義 일색으로, 異流를 許容치 말고 思想統一을 力圖할 것", ②"重慶臨政을 改造한다면 獵官者類가 그에 參與키를 計劃하여 한갓 紛糾있을 것이므로, 자기들로서는 三千萬과 함께 重慶臨政의 奉戴의 국민운동을 堅持할 것이니, 重慶 당시의 閣員들을 조금도 變動함이 없이 그대로 政府로서 存續할 것",[58] ③"數千萬圓의 愛國誠金을 募集한 후, 適宜한 人物들을 友好列國에 特派하여, 한국의 獨立을 支持 援助하도록 外交工作을 일으킬 것"[59]

요담을 마치고 송진우는 기자들에게, "三千萬民衆은 金九先生을 無條件支持하고 있으니 民衆에 對한 杞憂를 말으시고 아무것도 거리낌 없이 政局收拾에 專心專力"하라고 요청하였다고 말하면서, 중경임시정부를 '무조건 지지'하는 태도를 분명히 하였다.[60]

장준하가 회고한 바에 따르면, 송진우는 김구와 회담하면서[61] 평소 신념이었던 '임정추대론'을, 김구를 '무조건 지지' 하는 방식으로 주장하며 실현방안까지 제시하였다. 연합국을 상대로 사절단을 파견하고, 집무 계통을 완비하며, 광복군을 모체로 국군을 편성하는 주체는 바로 중경임시정부였다. 이는 중경임시정부를 이미 정부로 추대하였다는 뜻이다. 송진우는 '김구의 친서' 운운하며 김구를 임시정부의 수반으로 '무조건 지지' 하였다 또 재정 문제에서도 한국민주당이 '국내외의 성금'을 모아 중경임시정부를 '무조건 지지' 하겠다는 의사를 밝히면서, 재력 있는 한국민주당의 역량과 제휴하자는 암시도 내비쳤다.[62]

12월 4일 송진우·金性洙·김준연·장택상 등이 중경임시정부의 요인을 방문한 뒤, 송진우는 담화를 발표하여, '政府改造論'은 정권욕에 급한 사람들의 의견이며, 국가체제를 갖추어 열국의 승인을 받기까지는 그냥 그대로 직진해야 한다고 주장하였다.[63] 12월 6일 한국민주당 중앙집행위원회는 '중경임시정부 절대 지지'를 다시 다짐하였다. 이 날 회의는 '國民運動 展開에 關한 討議'로 "우리 臨時政府를 絶對 支持하는 全國民運動을 展開하여 國際承認을 促進할 것"을 결의하였고, '軍政廳에 對한 要望'에서는 "內政에 關한 모든 機

56) 1946년 3월 20일 안재홍은 국민당 당수로서 담화를 발표하여, 국민당과 한국독립당이 합당하는 이유를 다음과 같이 표명하였다. ①한국독립당은 의견·정강정책에서 국민당과 '完全히 一致'할 뿐 아니라, ②수십 년의 역사를 가지고 중경임시정부의 중심인물로 구성되어 있으므로 "民主陣營에서 臨政을 支持햇다면 韓國獨立黨을 支持할 것도 論理上 矛盾이 없다." 「合黨 趣旨에 對한 安黨首 談話 要旨」, 『漢城日報』(1946. 3. 22). 국민당과 한국독립당의 합동은 '영립보강론'의 연장이었고, 민공협동을 위한 재출발이었다. 이 점이 '절대지지론'과 달랐다.

57) 이 날 김구는 오전부터 오후까지 국민당 대표 안재홍, 한국민주당 대표 송진우, 인민당 대표 여운형, 인민공화국 대표 許憲과 회담하였다. 오전부터 오후까지 진행될 이 날의 개별 회담을 위하여, 장준하는 회담에 필요한 예비지식과 정치 정보를 수집하여 김구에게 브리핑하였고, 회담에 모두 입회하여 회담 내용의 골자를 남겨 두었다. 장준하에 따르면, 안재홍은 김구와 "거의 삼각형의 위치에다 작은 책상을 놓고 앉아" 개별 회담하였다. 張俊河, 「白凡 金九 선생을 모시고 六個月」(二), 『思想界』(1966년 9月號), 157~158쪽. 그런데 안재홍은

송진우와 함께 김구를 공동회견하였다고 기술하였다. 안재홍은 "第一着으로 당시 韓民黨 首席總務 故 宋鎭禹氏와 共同會見하게"되어 "三人이 테이블을 隔하여 鼎坐"한 채, "先着한 관계도 있어 먼저 發言"하였고, 송진우가 이 '發言 直後' 세 가지를 '進言'하였다. 이어 안재홍이 다시 자신의 '進言에 補充說明을 한 後' 김구에게 의견을 '反問'하니, 김구가 원칙의 말로써 간단히 '返答'하고 회담이 끝났다. 「民政長官을 辭任하고」, 『選集』2, 265쪽 ; 「白凡, 政治鬪爭史─臨政鳳還부터 平和統一運動까지」(1949. 8 『新太陽』), 『選集』2, 436~437쪽.

58) 안재홍은 "重慶臨政을 基本力量으로 하고 海內外의 革命力量을 섭취하여 適正하게 補强擴充"해야 한다는 자신의 進言이 "同席한 他黨代表에 의하여 反對說이 나왔다."고 언급하면서 송진우를 가리켰다. 송진우는 안재홍이 주장하는 바 '補强擴充'은 "內閣改造로써 野心家의 獵官慾을 충동하여 도리어 混亂을 일으킬 것이니, 重慶時代 그대로의 政府로 推戴하여 三千萬이 지지하도록 진력하겠다"는 '임정추대론'을 주장하였다. 「民政長官을 辭任하고」, 『選集』2, 265쪽.

59) 이 날 회담에 배석한 바 있는 장준하가 회고한 바에 따르면, 송진우는 김

關을 臨時政府에 委讓하여 政府의 威信을 保持케 하고 治安維持와 經濟調整의 根本 方針을 急速 樹立케 할 것"을 주장하였다. 또 「臨時政府에 對한 建議」에서는 "現下 情勢에 鑑하여 政府의 改造는 混亂을 招來케 할 憂慮가 있으므로 現狀대로 推進하여 國際承認을 促進할 施策에 邁進할 것"을 주문하였다.[64] 12월 7일 송진우는 김구를 방문하고 2시간 동안 회담하면서, 「결의문」을 제출하고 "인민공화국에 즉시 해산 명령을 내릴 것", "광복군을 급속 강화시킬 것", "외교사절단을 외국에 파견시킬 것" 등을 다시 강조하였다.[65]

11월 27일 김구와 회담하는 자리에서 안재홍은, 인민공화국이 출현한 경위 등 국내정세를 주로 보고하였다. 그는 인민공화국이 "내 나라 내 政府에 굶주린 一部 인민에게 支持"되고 있는 현실의 입지를 설명하면서, 중경임시정부의 정통성을 확보함으로써 민중의 지지를 획득하여야 하며, 인민공화국과도 극단으로 대립하지 말라고 건의하였다. 안재홍은 김구에게 중경임시정부의 유래·존재를 선포하면 일반 대중이 적극 크게 지지하리라고 설명한 뒤, '중경임시정부 최대한 지지'를 표명하였다. 그는 중경임시정부를 기본역량으로 하고 해내·해외의 모든 혁명역량을 '適正包攝'하여 중경임시정부를 확대·강화(=보강·확충)할 필요가 있다고 주

장하였다. 또 對以北·對蘇 관계를 고려할 때, 좌익측에서 애초 거부한다면 할 수 없지만, 그들이 응한다면 협동하는 방침을 써서 이들을 포섭해야 한다고 제안하였다.[66] 요담을 마치고 나온 안재홍은 기자들에게, 김구를 중심으로 정국을 수습해야 한다는 의사를 밝혔다.[67]

　12월 10일 안재홍은 기자회견에서 '영립보강론'을 좀더 풀어 설명하였다. 한국민주당이 내거는 '절대지지론'·'무조건 지지'를 전제로 깔은 "臨時政府는 絶對로 支持하여 그것을 그대로 政府의 土臺로 하여야 되는가"라는 질문에, 안재홍은 "臨時政府는 勿論 支持한다. 그러나 無條件으로 모든 것을 一任한다는 것과는 다르다."고 분명하게 답하였다. 그는 자신이 '절대지지론'과는 다른 견해를 가지고 있음을 전제한 뒤, "臨時政府를 中心으로 하고 그것을 補强擴充하여 더 넓은 範圍의 國內外의 革命勢力을 모두어야 한다."고 제의하였다.[68] 이러한 주장은 중경임시정부가 '과도정부'를 지향하면서, 모든 혁명세력을 포용하는 민족통일전선을 완성하라는 주문이기도 하였다. 중경임시정부에 민족통일전선의 주체·구심점이 되라고 요구하는 '영립보강론'은, 민족통일전선이라는 시대의 요청을 전제로 하였다는 점에서, 이를 외면하는 '절대지지론'과는 근본에서 성격이 전혀 달

구와 단독회담한 자리에서 5가지를 요청하였는데, 안재홍이 언급한 내용과 대체로 일치하였다. 張俊河, 「白凡 金九 선생을 모시고 六個月－四黨首와의 會談과 臨政要人 第二陣의 還國」(三), 『思想界』(1966年 10月號), 123～126, 132～133쪽. 이 5가지는 이후 송진우·한국민주당이 주장하는 바와 같았다. 장준하는 송진우를 '강인한 民族主義者'로서 '社會主義사상에 대한 절대적인 배척을 신조'로 하는 인물로 평하였다. 장준하는, 9월 7일 국민대회소집준비위원회 결성식에서 송진우가 중경임시정부를 지지하는 발언, 9월 16일 한국민주당이 '인민공화국 타도'를 선언한 성명문 전문, 중경임시정부 환국과 관련하여 11월 25일 송진우가 발표한 담화를 분석하면서, 송진우가 중경임시정부를 '절대 지지'하며 '복종'하는 사람임을 알았다. 그렇기에 장준하는, 송진우의 '救國一念의 情熱을 부러울 정도'로 느끼며, 듣고 있는 자신의 심중까지 傳導되는 듯 감동하였고, 무엇보다 "人民共和國 打倒를 외쳤던 기개가 살아 있음을 목격"하였다. 장준하가 "저으기 마음이 든든"할 정도로, 송진우는 인민공화국에 적대감을 가지고 있었다. 60) 『中央新聞』(1945. 11. 28)(『資料』1, 477～478쪽).

61) 그런데 이 중요한 회담과 관련하여, 『傳記』에는 전혀 언급이 없다. 다만 475쪽에, 중경임시정부가 귀국한 뒤, 송진우가 김준연·장택상을 대동하고 두 차례 京橋莊(임정 요인의 숙소)을 예방하였다고 기술하였을 뿐이다. 이는 『傳記』가 '고하의 임정추대론'을 가리려는 의도와 관계 있다.

62) 金仁植, 「앞의 논문」(2003. 3), 146~147쪽.

63) 「臨時政府의 機具 그대로 推進」, 『東亞日報』(1945. 12. 5)(『資料』1, 519쪽 ; 沈之淵, 『韓國民主黨研究』I, 171~172쪽).

64) 「臨政 支持를 爲한 國民運動 展開를 決意」, 『東亞日報』(1945. 12. 7)(『資料』1, 535쪽 : 沈之淵, 『韓國民主黨研究』I, 172~173쪽).

65) 『서울신문』(1945. 12. 10)(『資料』1, 541쪽).

66) 「民政長官을 辭任하고」, 『選集』2, 265쪽 ; 「白凡 政治鬪爭史」, 『選集』2, 436~437쪽. 장준하가 회고한 바에 따르면, 안재홍은 민족진영과 계급진영의 격렬한 대립으로 혼란이 지속되고 있는 상황을 말하면서, 인민공화국이 이 혼란을 정리하기는커녕 격화시키고 있으니 격심한 대결상태를 방관하지 말고 수습하기를 요청하였다. 이를 위한 방안으로 과도정권을 새로 수립하지 말고, 현재의 혼란을 하루속히 안정시

랐다. '절대지지론'과 '영립보강론'은 중경임시정부를 '추대'하자는 원론에서는 일치하였지만, 각론에서는 큰 차이점을 지녔다.

첫째, '영립보강론'은 해내·해외의 모든 혁명역량을 '適正抱攝'하여 중경임시정부를 확대·강화하자고 제안하였다. 반면 '절대지지론'은 '엽관욕'을 방지한다는 빌미로 중경임시정부를 개조하자는 주장에 반대하여, 우익 민족주의 일색으로 사상을 통일하고, 重慶 당시의 각원을 조금도 변동하지 말고 그대로 정부로서 '추대'하자는 '무조건 지지'를 표방하였다. 중경임시정부를 "보강·확충하자", "그대로 나아가자"고 단순화시킬 수 있는 두 주장 사이에는 쉽게 메울 수 없는 큰 틈새가 가로놓였다. 여기에는 지난 식민지시기 민족운동의 행적, 8·15해방 후의 정치행태, 앞으로 나아갈 정치노선이 한데 쌓여 있었다. 무엇보다 근본의 차이는, 이를 실천할 의지가 있었느냐, 아니면 단지 프로파간다로 제기하였느냐를 따져 보아야 한다.

둘째, '영립보강론'과 '절대지지론'을 동질화할 수 없는, 둘을 가르는 가장 중요한 잣대는 민족통일전선의 時宜性을 인정하느냐에 있었다. 우익 세력이 내세운 '임정법통론'이 인민공화국과 대립하는 데에서 나온 주장임은 안재홍 스스

로도 지적하였다.[69] 그러나 '영립보강론'에는 민공협동 이념이 밑바닥에 깊이 깔려 있었다. 안재홍은 인민공화국을 적대시하여 타도하자고 주장하지도 않았고, '임정법통론'의 배타성 ― 한국민주당이 선동한, 또 중경임시정부가 강요한 ― 을 맹신하지도 않았다. 그는 건국준비위원회가 졸속하게 인민공화국으로 탈바꾸어 정권을 장악하려는 정부를 지향하였다는 점에서 본래의 '과도적' 사명을 이탈하였고, "革命戰士들의 指導的 集結體인 海外政權", 즉 중경임시정부와 대립하여 건국도상에 혼란을 가져왔다고 비판하였다.[70] 그러나 건국준비위원회조차 적대시하고 '인민공화국 타도'를 외친 송진우·한국민주당과는 달리, 안재홍은 인민공화국을 대화의 상대로 인정하였고, '임정법통론'의 논거도 데마고기보다는 타당성을 제시하려 하였다.

앞에서도 자주 확인하였지만, '절대지지론'은 인민공화국에 적대하여 이를 '타도·분쇄'하려 하였다. '영립보강론'은 인민공화국이 출현하여 정국에 혼란을 가져왔음을 비판하였지만, 일부 인민들에게 지지받는 현실을 인정·수용하였다. 따라서 안재홍은 중경임시정부의 정통성을 과거의 전통만큼이나 앞으로 확보하여야 할 민중의 지지로 이해하면서, 인민공화국과 극단으로 대립하지 말라고 건의하였다.

키는 의미에서 중경임시정부가 그대로 과도정부가 되어 직접 執政해야 한다고 제안하였다. 이는 중경임시정부 안으로 인민공화국을 해체하려는, 또 중경임시정부가 과도정부로 집정하되 국내외의 혁명역량을 포괄해야 한다는, 평소 안재홍이 주장한 바와 일치하였다. 안재홍은, 중경임시정부가 입국하기 전에 過政이 수립되면 法統을 넘기겠다고 보도한 통신을 들면서, 過政을 새로 수립하지 말고 중경임시정부가 바로 執政하라고 주장하였다. 안재홍이 지적한 통신은 『每日新聞』(1945년 9월 15일자)에 보도된 '上海 9월 14일 발 解放通信'을 말한다. 張俊河, 「앞의 글」(三), 127~129, 131~132쪽. 장준하도 전문을 인용하고 있는, 9월 4일 중경임시정부의 선전부장 엄항섭이 政權委讓의 문제를 언급한 발언은 '上海 9월 14일 발 解放通信'을 인용하여 『每日新報』(1945년 9월 15일자)에 보도되었는데, 안재홍이 발언하였다는 내용과 관련된 기사는 이렇다. "韓國臨時政府 主席 金九는 總選擧에 依한 民主主義政府가 成立될 때까지 全政黨을 網羅한 過渡的 政府에게 政權을 委讓할 意思가 있다는 뜻을 公約하고 있다." 『每日新報』(1945. 9. 15)『資料』1, 49쪽). 장준하는 11월 9일과 15일자 신문에 보도된, 안

재홍이 중경임시정부를
평하는 담화의 전문을 인
용하여 분석하였다. 이에
따르면, 11월 9일자 성명
에서 안재홍은, 중경임시
정부가 '民族팟쇼적 경
향'을 가졌다는 세간의
의혹을 부인하고, 김구를
"獨斷으로 가는 길을 피
하는 분"이라고 말하였다.
장준하는 이를 "예방적
의도를 경고인 의미에
서 한 것"으로 이해하고
"마음이 편하지 아니했"으
나, 11월 15일자 성명을 보
고 "安在鴻氏의 對臨政 태
도는 그 후 일변"되었다고
판단하였다. 어쨌든 장준
하가 보더라도, 안재홍은
송진우에 비하여 중경임
시정부를 '무조건 지지'하
지 않았으며, 인민공화국
에 대응하는 태도에서도
송진우만큼 적대성을 띠
지 않았다. 장준하는 안재
홍을 "社會主義 右派적인
경향'의 사람으로 분류하
고, 이 날의 대화에서 안
재홍의 말을 "매우 분석적
이었다."고 평하였다.
67) 『中央新聞』(1945. 11.
28)(『資料』1, 477~478
쪽). 이 날 송진우는 김구
에게 '무조건 지지'를 다
짐하였다. 그러나 안재홍
은 인민공화국이 선포된
경위를 설명하면서, 중경
임시정부를 확대·강화하
자는 '최대한 지지'를 말
하였다.
68) 『서울신문』(1945. 12.
10)(『資料』1, 555~557쪽).
69) 안재홍은 조선민주주
의 인민공화국에 대항하
는 대한민국의 정통성은

'영립보강론'은 인민공화국을 타도해야 할 '대상'이 아니라, 중경임시정부의 정통성 안으로 끌어안아야 할 '상대'로 보았다. 여기에 해방정국을 계급의 대립·갈등으로 규정·지향하느냐, 민족의 통합·통일을 제일의의 과제로 설정하느냐는 갈림길이 있었다.

'영립보강론'은 대이북·대소 관계를 고려해서라도 좌익이 거절하지 않는 한 이들과 협동하여 '抱擁'해야 한다고 주장하였다. 안재홍은 식민지시기부터 공산주의자들과도 협동해야 한다는 '협동론자'이었다. 식민지시기를 일관하여 민족주의 세력이 주도권을 갖는 민족협동전선을 강조하였던 그에게, 민족주의와 공산주의의 대립 — 그의 말을 빌면 '민공의 분열·대립' — 을 지양하여 "民族國家 建設의 大業을 완수하기에 總意·力量을 집결"[71]할 '초계급적 협동전선'을 결성하는 일은 해방정국에서 가장 시급한 과제이었다. 이 점에서 '영립보강론'은 민족통일전선을 역사의 과제로 인식하고 중경임시정부를 중심으로 민족통일전선 — 안재홍이 '민공협동'이라 표현한 — 을 완성하려는 전략이었다. 안재홍은 인민공화국을 비판하였지만 적대감을 드러내지는 않았으며, 무력으로 좌익을 탄압해야 한다는 생각에도 반대하였다.[72]

반면 '절대지지론'은 인민공화국을 완전히 '타도'하기 위하여 '임정법통론'을 내세웠으므로, 좌익 계열을 철저하게 배제하고 우파 세력만으로 사상통일 등의 단결을 꾀하여 정국을 주도해야 한다고 주장하였다. 1920년대 송진우도 민족문제의 자주해결론을 내세웠지만, 그의 논리는 자치론을 해법으로 구상하였다는 점에서[73] 안재홍과 질에서 크게 달랐다.[74] 식민지시기 송진우 등의 동아일보 계열은 자치운동을 추구하였으나, 안재홍도 창립에 관여하였던 신간회라는 민족협동전선체는 이 자치운동에 대항하여 조직되었다. 송진우는 식민지시기에도 '전민족의 단결'을 외치면서도 사회주의 계열을 돌려내었고, 해방정국에서도 사회주의자들과 대결노선을 취하였다.[75]

이와 같이 '영립보강론'과 '절대지지론'은 식민지시기까지 거슬러 올라가서 운동의 뿌리를 달리 하였다. '절대지지론'에는 민족통일전선이라는 시대의식이 없었다. 송진우는 식민지시기부터 민족협동전선을 부정하였으므로, 안재홍·여운형이 합작을 제의하여도 이를 거부하였다. 송진우는 좌익과 인민공화국을 적대하여 타도하고자 하였으나, 안재홍은 좌익·인민공화국을 경계·배격하였으되 '포용'해야 할 상대로 인식하여 적대하지는 않았다. 이후 이승만의 단정노

중경임시정부의 법통을 떠메여야 당연하다고 강조하면서, 이는 "人民共和國에 상대하여 重慶臨政을 전면적 또는 最大의 지지를 하여 오던 8·15 이래 民族主義 陣營 傳統의 精神"이라고 주장하였다. 「大韓民國 建設의 構想」(1948. 10), 『選集』2, 319쪽. 여기서 인민공화국에 '상대하여'라고 표현한 대목을 눈여겨보아야 한다. 한국민주당 계열이 인민공화국을 가리킬 때 의례 사용한 '타도'·'분쇄' 등의 적대감을 드러내는 말들을, 안재홍은 쓰지 않았다.

70) 「(聲明)朝鮮建國準備委員會와 余의 處地」.

71) 위와 같음.

72) 1945년 12월 10일 기자회견에서 "一部에서는 左翼을 탄압해야 한다고 주장하는 듯한데"라는 질문에, 안재홍은 "나는 그래서는 안된다고 생각한다."고 분명하게 답하였다. 『서울신문』(1945. 12. 10)〔『資料』1, 555~557쪽]. 그는 "思想과 主義는 思想과 主義로써 組織宣傳을 통하여 克服制勝함이 適正한 根本對策인 것이요, 폭력 혹은 무력의 투쟁은 革命決勝 도중 만부득이에 나온 片時的 方便인 것이다. 暴力對立의 慢性化는 지대한 민족적 불행을 초래하는 禍因으로 된다. 그는 단연 배제하여야 된다."고 주장하였다. 安民世, 「民主獨立黨에 寄함」(一)·(二)·(完),

『漢城日報』(1947. 9. 26 · 27, 10. 1)(「民主獨立과 共榮國家」, 『選集』2, 217쪽). 안재홍은 공산주의가 사상·주의의 형태로 존재한다면 이를 묵인할 수 있으나, 폭력 행동으로 공산정권을 세우려 한다면, 국가권력을 동원하여 분쇄해야 한다고 주장하였다. 김인식, 「안재홍의 신국가건설의 이념─신민족주의의 이념 정향」, 『한국민족운동사연구』20(한국민족운동사연구회, 1998. 12), 491~493쪽.

73) 자치운동의 전개과정은 박찬승, 『한국근대 정치사상사연구』(역사비평사, 1992. 1), 330~355쪽을 참조. 송진우의 자치론은 李昌珖, 「保守·右翼 指導者들의 建國思想」(慶熙大學校 大學院 政治學科 博士學位論文, 1995. 8), 78~83쪽 : 沈在旭, 「古下 宋鎭禹의 思想과 活動 硏究」(東國大學校 大學院 史學科 碩士學位論文, 1997. 6), 30~43쪽 : 윤덕영, 「앞의 논문」, 118~138.

74) 안재홍은 절대독립노선에 서서 자치운동을 '관제적 타협운동'이라고 비판하였다. 이 점은 박찬승, 「일제하 안재홍의 신간회운동론」, 한국사연구회 편, 『근대 국민국가와 민족문제』(지식산업사, 1995. 5), 314~317쪽 : 김인식, 「植民地時期 安在鴻의 左翼民族主義運動論」, 『白山學報』제43호(白山學會, 1994. 7), 173~175쪽.

선에 동조하여 합세한 한국민주당 계열은 통일정부를 수립하려는 좌우합작운동과 남북협상 노선조차 단정수립을 위하여 타도해야 할 적으로 설정하였다.[76]

안재홍은 '임정법통론'의 배타성을 주장하지 않았다. 그에게는 민족주의주도권과 민족통일전선이 더 큰 목표이었으므로 '임정법통론'은 철옹성은 아니었다. 앞서도 잠깐 보았듯이, 안재홍은 중경임시정부에게 좌익·인민공화국을 끌어안기 위하여 '법통안'을 잠시 유보하라고 충언하였으며, 중경임시정부측이 지나치게 '법통'을 고집하여 인민공화국과 대화를 단절시키는 한계를 비판하였다. 그는 '임정법통론'을 수긍하였으나, 협상의 차원에서 이를 제기하지 말고, 오히려 협상 과정에서 민족주의 영도권을 강화한다면, 법통 문제는 자연스럽게 해결되리라고 판단하였다. 그는 민족주의주도권을 앞세웠고, 임정법통론은 이를 실현하기 위하여 뒤따르는 요청이었다. 안재홍은 중경임시정부의 일부 요인이 법통론에 융통성 없이 강파르게 집착하여, 좌익을 끌어안지 못함으로써 민공협동을 이뤄내지 못함을 못내 아쉬워하였다. 그는 '임정법통론'을 부정하지는 않았지만, 이것의 배타성으로 좌우대립의 골이 깊어 가는 부작용을 염려하였다. 비상정치회의에서 비상국민회의로 이어지는 과정에서 중경임시정부는 일관되게 법통안을 들고 나왔고, 좌익은 인민공화국을 들고 대립하여 좌우협동은 끝내 결렬되고 말았다.

셋째, '영립보강론'은 중경임시정부를 '최대한 지지' 하였으나, 이것이 김구를 '무조건 지지' 하는 형식으로 나타나지는 않았다. 반면 이승만이 우익 전체와 좌익의 일부까지 흡수하여 독립촉성중앙협의회(앞으로 중앙협의회로 줄임)를 결성하여 활동하는 동안에, 송진우는 김구를 수반으로 떠받들어, 김구를 '무조건 지지' 하는 모습으로 '절대지지론'을 표현하였다. 그러나 이 같은 주장은 결코 한국민주당의 본심이 아니었다. 1945년 12월 7일 김구를 방문하여 여전히 '중경임시정부 절대 지지'를 확인한 송진우는, 12월 8일 조선주둔 사령관 하지(John R. Hodge)를 방문하여 2시간에 걸치는 장시간의 회담을 가졌다.[77] 이 만남이 송진우가 자신의 정치노선을 다시금 확인하는 중요한 계기가 되었는데, 이후 송진우·한국민주당의 현실주의 노선은 미군정의 의도를 정확하게 간취하였다.

미군정은 고문회의에 중경임시정부의 요인을 가담시키거나, 미군정 아래 '자문행정기구'를 창설하여 중경임시정부를 활용하려 하였다. 이것이 현실정치 속에서 구체화한 형태

75) 沈在旭, 「앞의 논문」, 40~43쪽.
76) 김준연은 『한국민주당소사』의 서문에서, 한국민주당이 창당된 후 민주주의 독립국가를 건설하기 위하여 '혈전혈투' 하여, 무엇보다도 5·10선거를 실천 완수하는 중추세력이 되었다고 자부하였다. 그는 한국민주당이 "인민공화국을 분쇄하고 신탁통치를 말살함"에 큰 공을 세웠으며, "확고한 신념하에 좌우합작세력을 일축하고 소위 남북협상파와 싸워서" 5·10총선거를 완성하였음은 "천하가 共知하는 엄연한 사실"이었다고 강조하였다. 앞의 『韓國民主黨小史』, 270~271쪽. 김준연은 대한민국을 세우는 과정에서 政敵을 위의 네 가지로 설정하였는데, 한국민주당에게 인민공화국은 '분쇄'하여야 할 적이었고, 남북협상을 추구한 중경임시정부조차도 단독정부 수립을 위하여 싸워야 할 정적이었다.
77) 『東亞日報』(1945. 12. 10)(『資料』1, 545쪽).

78) 정병준, 「주한미군정의 '임시한국행정부 수립구상과 독립촉성중앙협의회」, 『역사와 현실』제19호(한국역사연구회, 1996. 3).

79) 鄭秉峻,「남한진주를 전후한 주한미군의 對韓정보와 초기점령정책의 수립」, 『史學研究』第51號(韓國史學會, 1996. 5), 179~180쪽.

80) 鄭秉峻,「위의 논문」(1996. 5), 173쪽.

81) 1945년 12월 15일 중앙협의회 제1회 중앙집행위원회가 열렸는데, 이 날 회의의 중심 의제는 중경임시정부와 중앙협의회의 관계를 설정하고, 중앙협의회가 대의명분을 찾아내어 당장 정식으로 발족하여야 한다는 데 있었다. 하지는 12월 15일까지 중앙협의회를 결성하는 문제를 결과보고하라고 압박하였고, 이에 이미 날짜를 넘겨버려 다급한 이승만은 조급함을 넘어 날카로운 태도를 보였다. 게다가 미군정과 이승만의 의도를 제대로 파악하지 못하는 李甲成은 끈질기게 '臨政一本主義'을 들고 나와 이승만을 짜증나게 하였다. 이 날 회의에서 張德秀는 '臨政은 그대로 두고 軍政廳의 生實은 中協을 將來의 韓國政府로 할 的定같이 보이는데'라고 말하며 미군정의 구상을 찔렀다. 이승만의 속뜻을 잘 풀어 대변해 준 許政의 발언은 더 눈여겨 보아야

가 중앙협의회였다.[78] 비슷한 시기에 하지가 송진우를 비롯하여 이승만·김구·여운형·안재홍 등과 연이어 만난 까닭은 중앙협의회를 발족시키는 일과 긴밀한 관계가 있었다. 적어도 1946년 3월 무렵까지 중경임시정부를 활용하는 방안은 미군정의 대한정책의 기조였다.[79] 중경임시정부가 귀국하기 전, 미군정은 여러 경로로 김구측에게 개인 자격으로 입국하고, 입국한 뒤에는 고문단 또는 중앙협의회에 참가하라고 요청하였다.[80]

당시 중앙협의회에 참여하고 있던 장덕수·송진우·허정 등은 미군정과 이승만이 중앙협의회에서 의도하는 바를 정확하게 읽었다.[81] 이들은 중앙협의회가 장래 한국정부가 되어 행정권을 이양 받는다는 '최고기밀'에 속한 내락을 알고 있었다. 이승만은 중경임시정부가 공인될 수 없기 때문에 김구 이하 몇몇 요인들을 중앙협의회에 끌어들여 이를 강화하는 수밖에 없다고 강조하였다.[82] 한국민주당은 미군정이 중경임시정부를 승인하지 않는 방침을 이미 확인하였으므로, 중경임시정부를 '절대 지지'하는 "一時의 大義만을 가지고 큰 일이 못되는 것"을 너무도 잘았다. 따라서 미군정이 제시한 "早速하계 促進할 方案"으로 중앙협의회에 참여하여, 이승만을 수반으로 하는 남조선만의 정부를 수립하려 하였다.

② 결과의 차이

끝으로 '영립보강론' · '절대지지론'의 일관성을 따져 보
아야 한다. 송진우 · 한국민주당은 애초 중경임시정부를 '추
대'할 의사가 없었다. 앞서 보았듯이 해방 공간에 대처하는
송진우의 기본전략은 '연합국 직접 상대론'이었다. 송진우
가 남한에 미군정이 실시되기까지 정치활동을 시작하지 않
은 까닭은, 연합군의 정책 방향을 확인한 뒤 연합군을 직접
상대하려는 복안을 가졌기 때문이었다. 그렇기에 8 · 15 직
후부터 진주한다던 미군이 9월 6일 인천에 상륙하여 서울에
입성하자, 송진우는 동아일보 사옥에서 "미국 진주의 광경
을 會心의 미소로 맞이했다."[83] 그는 미군정의 기본 방침을
확인하자 정치무대의 전면에 나섰으며, 한국민주당과 국민
대회준비회를 정치 기반으로 삼아 정국의 주도권을 장악하
기 위하여 양면전술을 구사하였다.

송진우 · 한국민주당은 인민공화국을 저지 · 제압하기 위
하여 우선 미군정에 접근하여 밀착하였으며, 또 한편으로는
'중경임시정부 절대 지지'라는 카드를 적절히 활용하였다.
중경임시정부를 '절대 지지'하면서 미군정의 권력에 편승하
는 행태는 논리상으로 모순이었지만, 또 겉면만을 볼 때 중

한다. 그는 이상과 사실을
구분하면서, "理想으로는
臨政을 벗들고 政權委讓
을 要求하였으면 그보다
더 조흔 일"은 없겠지만,
이상과 현실이 相違하는
현재, '臨政推戴의 理想'
은 찬성하기 어려우며,
"이 中央協議會를 하로라
도 充實히 育成하야 時急
하게 獨立의 實權을 차자
우리들이 行政權을 掌握
하여야 할 것'이라고 제
안하였다. 그는 "軍政當局
이 對外干係로 臨政을 不
認함으로 그 代案으로 中
協을 組成한 것으로 이것
이 軍政廳의 要求인 最速
效의 結晶體임니다. 이 機
關이 順조하게 되는 대로
이 機關을 通하야 行政權
을 委讓한다는 內諾이 잇
는 모양임니다."고 미군정
의 의도를 정확히 짚어
말하였다. 그리고 이는 이
승만이 深思한 결과이
니 너무 깊이 穿鑿하여
'最高機密'을 범하지 말
라고 충고하였다. 「獨立促
成中央協議會 中央執行委
員會 第一回 會議錄」, 40
∼63쪽[雩南李承晩文書
編纂委員會 編 『(梨花莊)
雩南李承晩文書 東文篇』
第十三卷(中央日報社 · 現
代韓國學研究所, 1998.
8), 80∼125쪽)
82) 정병준, 「앞의 논문」
(1996. 3), 167∼168쪽.
83) 『傳記』, 462쪽.

84) 鄭秉峻, 「앞의 논문」
(1996. 5)를 참조.
85) 沈之淵, 『韓國民主黨
研究』I, 62~63쪽.
86) 미군정이 중경임시정
부를 망명정부로 인정하
지 않자, 한국민주당은 재
빨리 미군정에 접근하여
군정의 고문직을 차지하
고 경무국장 등의 요직을
차지하면서 '미군정의 준
여당적 존재'가 되었다.
만약 이들이 진실로 중경
임시정부를 정부로 '추
대'하려 하였다면, 중경임
시정부가 비록 개인자격
으로 귀국하였더라도, 군
정을 유일정부라고 표방
한 미군정의 여당 구실을
할 수 없는 일이었다. 송
건호는 이를 '主體性 없
는 政治勢力의 등장'이라
는 시각에서 비판하였다.
宋建鎬, 「八・一五 後의
民族主義論」, 宋建鎬・姜
萬吉 編, 『韓國民族主義
論』(創作과 批評社, 1982.
6), 167~168쪽; 宋建鎬,
「탁치안의 제의와 찬반탁
논쟁」, 변형윤 외, 『분단
시대와 한국사회』(까치,
1985. 4), 44~45쪽.
87) 孫世一, 『李承晩과 金
九』(一潮閣, 1970. 10),
201쪽.
88) 정병준, 『앞의 책』,
156쪽.

경임시정부를 '정부'로 인정하지 않는 미국정부와 미군정의
대한정책에도 어긋나는 일이었다. 그러나 송진우・한국민
주당의 이러한 양수걸이는 초기 미군의 점령정책과 정확하
게 부합하는 현실주의 노선이었다. 미군정은 인민공화국을
해체하는 작업에 나섰고, 중경임시정부를 승인하지 아니하
되 이를 적절히 활용하여 남한에서 '임시한국행정부'를 수
립하려고 구상하였다.[84]

'절대지지론'은, 중경임시정부와는 전혀 성격이 다른, 새
로운 임시정부가 수립될 때까지 하나의 과도정권으로서 중
경임시정부의 주도권을 인정해야 한다는 전술에 불과하였
다.[85] '절대지지론'은 미군이 진주한 직후, 또 중경임시정부
가 귀국하기 전에 이미 폐기처분되어 있었다.[86] 중경임시정
부가 귀국하기 전, 이승만과 송진우는 인민공화국을 타도하
기 위하여 '임시정부정통론'을 적극 내세우되, 중경임시정
부가 일단 귀국하여 정국이 다소 질서가 잡히고 나면, 중경
임시정부를 해체하고 새로이 독립정부를 세우자고 합의하
여 놓은 상태였다.[87] '절대지지론'이 정략 차원의 '꽃놀이
패'[88]에 불과하였으므로 한국민주당은 이를 선언하는 이상
으로 실천하지 않았다.

반면 안재홍은 중경임시정부가 지니는 영향력과 구심력을

활용하여 민족주의주도권을 확보하기 위한 방략으로 '영립보강론'을 뭉근하게 실천하였다.[89] 그는 정치노선을 전환하여 좌우합작운동에 참여하면서 '영립보강론'을 에돌아 거둬들이기까지, 이를 일관되게 실천하였다. 제1차 미소공동위원회가 결렬된 뒤, 안재홍은 한국문제가 지니는 엄정한 '국제제약성'을 냉정하게 인식하였고, '임정법통론'이 자주독립국가를 건설하는 방안으로서는 뚜렷한 한계가 있음을 절감하였다. 그는 '영립보강론'이 오류였다고 판단한 뒤 좌우합작운동으로 방향을 돌렸다. 그가 국가건설의 전략을 바꾸어 정치노선을 수정하였으나, '영립보강론'이 정권을 장악하려는 위한 정략은 분명 아니었다.

안재홍이 '영립보강론'을 실천하는 일관성은, 그가 국민당을 '들어' 한국독립당에 합류시키고, 이어 한국민주당·신한민족당을 포함한 4당합동을 성취시키려 노력한 데에서 뚜렷이 볼 수 있다. 1945년 말 중경임시정부가 환국한 뒤, 1946년 들어 우익 정당들 사이에 통합문제가 제기되었고, 중경임시정부를 '추대'하는 명분과 대의에 따라 한국독립당에 우익 정당을 합당해야 한다는 논의와 움직임이 일어났다. 중경임시정부를 과도정부로 직접 '추대'하는 정부수립운동이 좌절되자, 안재홍은 이를 정당운동의 형태로 전환하였다.

89) 김인식, 「해방 후 安在鴻의 重慶臨政迎立補強운동」, 『한국독립운동사연구』제12집(독립기념관 한국독립운동사연구소, 1998. 12)을 참조.

그는 국민당을 비롯한 우익 정당(한국민주당·신한민족당 등)을 중경임시정부의 여당인 한국독립당에 합당시키려 노력하면서, 먼저 자신이 주도하여 1946년 3월 22일 국민당을 한국독립당과 '무조건 합동'시켰다. 안재홍은 동료들에게 '獻黨' 행위라는 비난을 받으면서도, 그 자신이 표현한 대로 국민당을 '들어' 한국독립당에 '무조건 합류'하는 합당을 실행하였다.

중경임시정부가 귀국하자, 안재홍은 이를 중심으로 우익 민족주의 정당을 통합하려 하였다. 이러한 의미에서 국민당이 한국독립당과 합동함은 민족주의 정당을 單一黨化하려는 노력으로 '영립보강론'이 현실화한 양태이었다. '영립보강론'은 겉으로는 중경임시정부에 초점을 둔 듯하지만, 사실은 중경임시정부를 중심으로 민족주의 세력을 통합·강화하여 민족주의주도권을 확보하고, 나아가 완전한 민족통일전선을 완수하는 데 목적을 두었다. 이 점은 한국민주당이 내건 '절대지지론'이 한국독립당과 '합당'하기를 끝내 거부한 행태와는 분명하게 대조된다.

국민당이 한국독립당과 '무조건 합동'하자, '임정추대론'을 내걸던 한국민주당·신한민족당을 명분에서 압박하였다. 그러나 한국민주당은 한국독립당과 '무조건 합동'하려는 논의가 진행되는 단계에서는, 여러 가지 이유를 대며 뭉긋거리다가 합당하기를 끝내 거부하였다. 이로써 4당합동은 완전히 무산되어 버리고, 우익 정당의 통합운동은 신한민족당의 일부와 한국독립당·국민당이 합당한 3당 부분합동으로 끝나고 말았다. 한국민주당이 '무조건 합동'에 동의하면서도, 합당을 거부한 데에는 당명·黨是·黨則과 같은 명분뿐만 아니라, 토지정책의 차이와 같은 계급이해, 이승만을 추대하는 문제, 당권을 장악하는 문제에 이유가 있었다. 나아가 한국민주당은 한국독립당이 많은 우익 정당의 하나일 뿐이므로 4당합동은 진정한 우익 민족주의 정당의 통합이 될 수 없다는 논리를 폈다.[90] 우익 정당의 통합이 실패한 데에는 한국독립당의 중경임시정부 계열이 고압스럽게 임함으로써 큰 빌미를 제공하였지만, 한국민주당은 중경임시정부의 여당인 한국독립당과 '무조건 합동'하자는 논의가 진행되는 단계에서, 한국독립당을 하나의 정당으로 평가절하시켜 '합당'을 거부하면서 '절대지지론'을 스스로 뭉개버렸다.

한국민주당은 1946년 들어 중경임시정부가 주도하는 비상정치회의·비상국민회의를 지지한다고 밝히었고, 단독정부수립설로 시끄럽던 1946년 7월까지도 중경임시정부를 지

90) 「各黨 意見一致-民主政黨合同 一步 前進」, 『漢城日報』(1946. 4. 9) : 『서울신문』·『朝鮮日報』(1946. 4. 9)(『資料』2, 357~358쪽) : 「合同은 流産」, 『漢城日報』(1946. 4. 11) : 『서울신문』·『朝鮮日報』(1946. 4. 11)(『資料』2, 358쪽) : 「韓國民主黨 除外코 三黨의 合同進行」, 『漢城日報』(1946. 4. 12).

지한다고 공언하였으나,[91] 그들이 주장한 바에 따르더라도, 1945년 12월 중순경 정략 차원에서 '절대지지론'을 사실상 거두어들였다. 이로써 한국민주당의 '임정추대론'은 인민공화국을 반대하여 정치투쟁해야 하는 '상대적 정세' 속에서 전술에 불과하였다는 점이 명백하게 드러났으며, 이후 한국민주당은 중경임시정부와 우익 내의 헤게모니를 다투다가,[92] 한국민주당이 단독정부를 추진하면서 둘의 사이는 적대관계로 악화되었다.

5. 맺는말

'중경임시정부 절대지지론'(송진우·한국민주)과 '중경임시정부 영립보강론'(안재홍·국민당)은 중경임시정부를 '추대'하자는 원론에서는 일치하였지만, 내용에서는 많은 차이점을 보였다. 안재홍은 해내·해외의 모든 혁명역량을 '適正抱攝'하여 중경임시정부를 확대·강화하자고 제안하였다. 반면 송진우는 '엽관욕'을 방지한다는 구실을 내세워 중경임시정부를 '개조'하자는 주장에 반대하여, 우익민족주의 일색으로 사상을 통일하고, 重慶 당시의 각원을 조금도

91) 1946년 7월 무렵 한국민주당 선전부장 함상훈은 "애국동지 650명이 발기인이 되어 우리 대한민국임시정부를 지지하여 이것을 奉迎한 후 일반정치를 그분들의 지휘에 服膺ㅋ다고 출발한 것이 한국민주당"이라고 지적하면서, 한국민주당이 발족한 동기를 밝혔다. 그리고 "우리 정부를 지지하여 연합국의 정식 승인을 받을 것이다. 그러므로 정권을 참칭하는 인민공화국에 대해서도 맹렬한 투쟁을 계속하지 않으면 안된다."고 금후의 진로를 제시하였다. 咸尙勳,「韓國民主黨의 政見」,『大潮』1권 2호(1946년 7월호)(沈之淵,『韓國民主黨研究』Ⅰ, 159~163쪽).
92) 정용욱·박진희,「해방 전후 미국 대한정책의 변화와 임정의 대응」,『역사와 현실』제37호(한국역사연구회, 2000. 9), 215~216쪽.

변동하지 말고 그대로 정부로서 '추대'하자는 '무조건 지지'를 표방하였다. 중경임시정부를 "보강·확충하자", "그대로 나아가자"고 단순화시킬 수 있는 두 주장 사이에는 쉽게 메울 수 없는 큰 틈새가 가로놓여 있었다. 지금까지 보았듯이, 여기에는 지난 식민지시기 민족운동의 행적, 8·15해방 후의 정치행태, 앞으로 나아갈 정치노선이 한데 쌓여 있었다. '절대지지론'이 인민공화국을 타도하고 정국을 장악하려는 적대성과 정파성에서 출발한 정략이었다면, '영립보강론'은 민족주의주도권과 민족통일전선을 완수하기 위한 전략이었다.

송진우·한국민주당은 '연합국 직접 상대론'의 전략을 갖고 있었으나, 중경임시정부의 정통성을 자신들과 동일시하고, 이로써 건국준비위원회·인민공화국을 타도·분쇄하려는 전술에 따라 중경임시정부를 '우리 정부'로 '무조건·절대 지지'하여야 한다고 주장하였다. 안재홍·국민당은 건국운동의 과정에서 민족주의주도권을 확립해야 한다는 목표 아래, 중경임시정부가 국제사회에서 승인 받은 과도정부의 자격으로 집정하되, 국내외의 혁명역량으로 이를 보강·확충함으로써 신국가건설을 추진하는 건국정부(=정통정부)로 발전시켜야 한다는 '영립보강론'을 내걸었다.

안재홍·송진우가 각기 내세우는 '임정추대론'은 이론과 실천 면에서 매우 달랐지만, 인민공화국을 제압하고 정국의 주도권을 장악하기 위하여 중경임시정부를 정치현실로 '요청'하여 '추대'하였다는 데 공통점이 있었다. 나아가 중경임시정부를 과도정부로 삼아 정식정부로 발전시켜야 한다는 목표도 겉으로는 일치하였다. 그러나 '절대지지론'은 '연합국 직접 상대론'이라는 현실주의 노선을 기본전략으로 하여, 인민공화국을 타도하고 정국을 장악하려는 적대성과 정파성에서 제기된 정략이었다. 반면 '영립보강론'은 민족주의주도권 아래 건국운동을 전개하면서, 민족자결론의 시각에서 민족자주 노선을 기본전략으로 하여 민족통일전선을 완수하기 위한 '정치적 요청'이었다.

그런데 '영립보강론'이든 '절대지지론'이든, 이를 실천하는 운동은 중경임시정부를 과도정부로 인정하지 않으려는 미군정의 방침과 정면으로 어긋났다. 1945년 9월 7일 발포하여 9월 9일에 공포한 太平洋美國陸軍總司令部(맥아더司令部) 布告 第一號「朝鮮住民에게 布告함」은 미군정의 성격을 이미 명백히 공표하였다. 이「포고 제1호」는 미군이 일본을 대신하여 38도선 이남의 지역을 '占領'하여 이 지역과 주민에게 軍政을 실시함을 알리면서, 1조에 "朝鮮 北緯 三八

度 以南의 地域과 同住民에 대한 모든 行政權은 當分間 本官의 權限下에서 施行함"이라고 못박았다.[93] 미군이 '점령군'임을 강조하면서 미군정에 절대 복종하라고 명령하는 이 포고문이 ―「포고 제2호」도 마찬가지였지만 ― 무엇을 뜻하는지는 청맹과니가 아니라면 누구에게나 명백하였다.「포고제1호」는 38도선 이남의 모든 행정권이 미군정하에 시행됨을 분명히 하여, 조선인 스스로 행정권 또는 주권을 행사하려는 어떠한 의도·기도도 인정하지 않았다. 미군과 협의할 주체로 급조한 인민공화국은 물론, 중경임시정부도 행정권을 행사하는 '정권'으로 인정받을 수 없었다.

1945년 9월 11일 하지 중장은 기자회견에서 미군의 시정방침을 언급하는 가운데, "나는 旣往의 用語를 빌어 말하면 朝鮮總督인 셈으로 特히 北緯 三十八度 以南 朝鮮에 있어서 여러 가지 施策을 펴기에 注力하겠다."며, 자신이 조선 이남에서 최고 시정권자임을 위압스럽고 고압스런 어조로 분명히 밝혔다.[94] 10월 10일 군정장관 아놀드(Archibold. V. Arnold) 소장은 "명령의 성질을 가진 요구"라는 성명을 발표하여, 조잡하고 극렬한 어투로 여운형 ― 당시 미군정의 고문으로 임명되어 있었는데도 ― 과 인민공화국을 비난하였다.[95] 이 성명이 직접 겨냥한 표적이 인민공화국과 여운형

93)『資料』1, 72~73쪽.
94)『每日新報』(1945. 9. 12)(『資料』1, 83~89쪽).
95)『每日新報』(1945. 10. 11)(『資料』1, 226~227쪽). 안재홍은, 이 성명이 "措辭가 往往 正當性을 잃고 激越한 데 지나지 않은 느낌을 가졌다", "발표된 것이 事實이라면 甚大한 遺憾인 것을 否認할 수 없다."고 평하면서, "한편으로는 八月 十五日 以後 서울거리 各處에 나타난「삐라」「포스타」等에 許多한 野卑한 文句가 이러한 結果를 招來하였다고 반성하였다. 그는 "「아놀드」氏에게 警告를 하는 同時에 朝鮮人 自身도 反省할 必要가 있다."고 지적하였다.『自由新聞』(1945. 10. 13)(『資料』1, 230~231쪽). 그러나 안재홍은 이 조잡한 성명을 문제삼아 군정장관에게 분명 경고하였다.

96) 『東亞日報』(1945. 12.
31)(『資料』1, 691쪽).
97) 안재홍은 반탁시위에
서 비상국민회의가 나오
는 도중까지 중경임시정
부와 동일한 견해를 가지
고 시국수습을 꾀하였다.
「白凡 政治鬪爭史」, 『選
集』2, 437쪽.
98) '임정법통론'의 타당
성과 합리성은 8·15해방
전후를 포함한 민족운동
에서 중경임시정부를 평
가하는 시각과 밀접한 관
련이 있으며, 대한민국 정
부의 '정통성'과도 명분
으로 연결되어 많은 논쟁
점을 제공한다. 분명한 점
은, 8·15해방 전후 건국
의 '명분'으로 국내에서
제기한 '임정법통론'과
이에 근거한 '임정추대
론'은, 건국준비위원회·
인민공화국에 대립 또는
적대하는 우익 세력이 이
를 제압하고 정국의 주도
권을 장악하기 위한 전략
또는 전술상의 '요청'이
었다는 사실이다. 이들 우
익 세력들은 정국의 주도
권을 장악하려는 전략·
전술을 바꾸면서, '임정법
통론'을 포기 또는 폐기
함으로써 '법통'이라는
절대성을 사실상 상대화
시켜 버렸다. 국내 정치세
력의 '요청'을 기반으로
정국을 주도하려던 중경
임시정부 계열의 헤게모
니 의식만이 '임정법통
론'을 끝내 포기하지 않
았다. 8·15해방 전후 정
국의 주도권을 장악하려
는 차원에서, 이념과도 관
계 없이 제기되었고, 이를

이며, 인민공화국을 부정하고 있음은 쉽게 알 수 있다. 그러
나 사실 이 성명은 인민공화국과 중경임시정부를 얼러쳐 겨
누었다. "北緯 三十八度 以南의 朝鮮에는 오직 한 政府가 있
을 뿐이다. 이 政府는 맥아더元帥의 布告와 하지中將의 政令
과 아놀드少將의 行政令에 의하여 正當히 樹立된 것이다."
라는 구절은 '정부'를 자처하는 어떠한 단체·조직에도 해
당되었다. 이것은 중경임시정부에도 그대로 적용되는 방침
이었다. 중경임시정부가 개인 자격으로 귀국하였음은 다 아
는 바이다.

「모스크바 삼상회의 결정」이 왜곡보도되고 반탁운동이 드
세게 일어나던 시기인 1945년 12월 29일, 안재홍은 各政黨
社會團體代表者會議에서 임시의장으로 회의를 주도하였는
데, 이 회의는 "우리 臨時政府에 即時 主權行使를 懇望할
것"이라는 건의안을 결정하였다.[96] 이러한 결의는 당시 남한
의 유일한 실질 정부를 자처하던 미군정을 부정하고, 미군정
을 접수하여 주권을 행사하려던 중경임시정부의 의도와 일
치하였다.[97]

안재홍 자신이 반탁운동은 군정과 대립하는 방향으로 흘
러서는 안된다고 아무리 강조하였더라도, 중경임시정부를
과도정부로 추대하려는 '영립보강론'은 미군정의 기본방침

과 어긋났다. 건국사업을 한민족이 주체가 되어 주도하기 위하여 '영립보강론'을 내걸었지만, 이는 군정이라는 현실에서 군정에 협력해야 하는 원론과 평행할 수밖에 없었다. 그렇기에 송진우·한국민주당은, 미군정이 남조선의 '유일 정부'로서 중경임시정부를 '과도정부'로 인정하지 않는다는 방침을 알자 일찌감치 미군정의 여당으로 자리잡으면서 '임정추대론'의 비현실성을 직시하였고 '중경임시정부 추대론'을 곧바로 가로새 폐기하였다. 그들은 사실상 '절대지지론'을 버리고, 미군정에 붙좇아 발밭게 미군정의 여당으로 실세를 확보하였다. 반면 안재홍·국민당 계열은 '자주적 건국'이라는 이상노선과 군정에 협력해야 하는 현실노선 사이에서 자기괴리를 느끼면서도, 중경임시정부의 여당인 한국독립당에 당을 '들어' '獻黨'하는 합당을 결행하면서까지 무양무양하게 '영립보강론'을 실천하였다. 그러다 제1차 미소공동위원회가 결렬된 뒤 한국문제의 국제관련성을 냉정하게 인식하였고, 이어 좌우합작운동에 참여하여 정치노선을 전환하면서 사실상 '영립보강론'을 거둬들였고, 1947년 제2차 미소공동위원회에 참가하는 문제로 끝내 한국독립당에서 제명당하였다.

이로써 해방 공간에서 절대성을 확보하려던 '임정법통론'

내걸었던 우익 세력들조차 방기한 '임정법통론'이 해방정국에서 '절대성'을 확보하기에는 애초 한계를 가지고 있었다.
99) 대한민국정부 수립을 위한 組閣이 완료된(1948년 8월 3·4일 각 부 장관을 임명) 다음날인 8월 5일, 김구는 부산행 열차 안에서 조각 등 제반 정치문제에 걸쳐 기자단의 질문에 답변하면서, "남북간의 是非 軋轢을 버리고 대한임정을 승인"하라고 주장하였다.(『서울신문』·『朝鮮日報』·『경향신문』·『東亞日報』(1948. 8. 7)(『資料』7(1974. 12), 728~729쪽). 그는 8월 12일 기자회견에서도 "美蘇 兩國이 韓國問題를 이렇게 惡化시키는 政策을 取하지 말고 차라리 三八線의 障壁도 없고 思想的 分立도 없이 國民의 意思로써 組織된 大韓臨政을 認定하였더라면 民族統一 속히 實現되었을 것"이라고 말하였다. 김구는 미·소 양국이 중경임시정부의 법통성을 인정하지 않은 데 분단정부가 들어선 원인이 있다고 비판하였다. 이어 그는 파리에서 열리는 유엔 總會에서 중경임시정부를 승인하라고 요청할 뜻을 내비쳤다. 『서울신문』·『朝鮮日報』(1948. 8. 13)(『資料』7, 775쪽). 김구는 남북협상 당시 '임정법통론'을 보류하는 듯하였으나, 그가 임정법통론에 가지는 애착은 실로 완강함을 넘어

서 생명과 같았다. 조소앙
도 '임정법통론'을 거두
어 들여 김구와 다른 길
을 걸었다. 1948년 8월 8
일 李東寧의 유해를 迎送
하는 자리에 참석한 김
구·조소앙·안재홍은 기
자회견을 하였는데, 조소
앙은 "初步이지만 政府가
樹立되었다는 것만이라도
愉快하다."고 말하여, 분
단정부를 인정하지 않는
김구와 달리, 대한민국정
부를 인정하였다. 또 국무
총리에 취임할 의사가 있
느냐는 질문에는, "次期
國務總理로 나가느냐에
對하여 말할 수 없다."고
하였지만, "大韓民國의 일
이라면 國務總理 아니라
小學校 校長이라도 하겠
다."고 단호하게 말하였
다. 그리고 그는 김구가
주도하는 統一獨立促進會
와는 관계가 없으며, "三
均主義 發展을 爲하여 奮
鬪하겠다."고 잘라 말하였
다. 조소앙은 이승만 정부
의 각료가 되는 문제와
별도로 대한민국정부를
합법 정부로 인정하여 이
에 참여할 뜻을 분명하게
밝혔다. 『朝鮮日報』(1948.
8. 10)(『資料』7, 742쪽).
이후 그는 1950년 5·30
선거에 사회당 후보로 참
여하여 서울 성북구에서
전국 최고득표인 34,035
표를 얻어 13,498표를 얻
은 趙炳玉에 압승을 거두
었다.

은 상대화되고 말았다. 국내 정치세력의 '요청'을 지반으로
정국을 주도하려던 중경임시정부 세력만이 '임정법통론'을
끝내 포기하지 않았으나, 우익 정치세력들조차 방기한 '임
정법통론'이 해방 공간에서 '임정추대'로 실천되기에는 애
초 한계가 있었다. 한국민주당은 이승만과 함께 단독정부수
립노선을 걸어, 남북협상을 추진하던 중경임시정부조차 적
대시하면서 대한민국을 건국하는 주도세력이 되었으나, 제
헌헌법은 전문에 임정법통론을 명시하였다. 안재홍·국민
당 계열은 제2차 미소공동위원회마저 결렬된 뒤 단독정부수
립을 불가피하게 수용하면서 대한민국의 정통성을 '임정법
통론'에서 다시 찾았다. 대한민국정부가 들어설 무렵까지
'임정법통론'을 완강하게 고수하여[98] 단독정부인 대한민국
을 인정하지 않은 정치세력은 중경임시정부 안의 김구 계열
[99]이었다. 김구의 '임정법통론'은 분단정부가 내세우는 '임
정법통론'과도 충돌하였다.

4

안재홍에 있어서 정치적 의무

안재홍에 있어서 정치적 의무

윤 대 식 (충남대학교)

1. 문제제기

이 글은 안재홍(安在鴻)의 정치사상과 정치노선을 연계해서 그가 주창한 신민족주의(新民族主義)와 신민주주의(新民主主義)를 정치적 의무의 맥락에서 분석하려는 것이다. 안재홍은 일반적으로 일제시기 민족운동과 좌우합작운동체인 신간회에서 중추적인 역할을 한 것으로 알려져 있다. 만약 안재홍을 식민통치기의 민족지도자로 평가할 수 있다면, 해방 이후 국가건설과정에서 그가 주창한 신민족주의와 신민주주의는 통일된 국민국가의 완성을 위해서 그가 선택한 정치적 중도노선과 연계해서 이해되어야 할 것이다. 왜냐하면

해방정국에서 진행된 일련의 정치적 사건들 −신탁문제, 민공합작, 남북협상 등 − 속에서 통일된 국민국가 건설을 위한 그의 일관된 정치적 태도와 신념이 드러나기 때문이다.

그렇다면 안재홍의 정치적 행보와 그의 신념체계로서 신민족주의와 신민주주의간에 보여지는 일관성이 전제될 경우, 어떠한 정치적 함의를 추론해 볼 수 있는 것일까? 안재홍에 대한 사상적 검토, 특히 그의 신민족주의와 신민주주의를 정치교의로 파악하려는 시도는 어떠한 적실성을 찾을 수 있을까? 이와 같은 문제의식은 현재 한국정치와 어떤 연관을 가지는 것일까?

일제의 식민통치라는 상황 하에서 한국 지식인들의 이데올로기적 스펙트럼은 민족주의, 민주주의, 사회주의, 공산주의가 혼재 되어있었으나 모든 이념적 계파의 공통된 목표는 식민통치로부터 해방이었다. 따라서 각각의 이념은 깊은 성찰 없이 해방의 지도이념으로 채택되었으며, 해방 이전까지 한국 민족주의는 저항적 요소를 강하게 내포하게 된다. 그런데 해방은 독립과 함께 국가건설이라는 새로운 과제를 던져주었다. 이 과정에서 한국의 민족주의는 새로이 건설될 국가의 지도이념으로 자리잡기 위한 갈등상태로 돌입하게 된다.

따라서 국가건설의 지도이념은 전민족적이고 통합적이어야
한다는 조건을 갖추어야 했다. 더구나 미·소간의 이념적 대
립으로 인해 분단이라는 새로운 상황을 맞이하면서 분단극
복이라는 과제와 국가건설 과제가 동시에 대두되었으며 이
를 해결할 수 있는 지도적인 이념을 모색해야 했다. 특히 당
시의 이념갈등을 고려한다면, 새로운 국가이념은 국민대중
의 동의와 자발적인 수용을 가져올 수 있는 것이어야 했다.

해방정국에서 분단극복과 국가건설이라는 당면과제와 함
께 국민의 자발적인 수용이 가능한 정치교의를 찾는다면 그
것은 무엇일까? 이에 요구되는 것은 민족적 통합과 민주적
가치를 아울러야 한다는 중층적 성격의 정치교의여야 한다.
또한 그것은 신생국가라는 공간적 고유성과 세계사라는 보
편성에 부합해야 하며 동시에 이념적으로 좌우를 모두 포용
하는 것이어야 했다. 안재홍의 신민족주의와 신민주주의에
대한 재해석은 이러한 문제에 적절한 해답을 제공할 것으로
기대할 수 있다. 왜냐하면 현재까지의 안재홍 연구가 일제하
민족운동과 좌우합작에 치중하고 그의 국학과 역사학에 대
한 실적을 바탕으로 한 연구에 초점이 맞추어져 왔기 때문이
다.[1] 또한 해방 이후 미군정 하에서 민족주의 계열에 대한
논의에서도 안재홍은 제외되어 왔으며 안재홍의 좌우합작

1) 현재까지의 안재홍에
대한 학문적 연구로 정윤
재, "안재홍의 정치사상
연구,"「사회과학과 정책
연구」Ⅲ-3 (서울 대,
1981), 유병용, "안재홍의
정치사상에 대한 재검토,"
한국독립운동사연구회
편,「한국민족운동사연구
1」(서울: 지식산업사,
1986), 정윤재, "해방직후
정치사상 연구," 안청시
편,「한국정치경제론」(서
울: 법문사, 1990), 이지
원, "일제하 안재홍의 현
실인식과 민족해방운동
론," 한국역사연구회,「역
사와 현실」(서울: 역사비
평사, 1991), 정윤재, "해
방직후 한국정치사상의
분석적 이해,"「한국정치학
회보」26집 1호 (1992), 김
인식, "안재홍의 신민족주
의 국가건설론"「中央史
論」Vol.9 No.1, (1997), 정
윤재, "〈열린 나〉의 정치
사상,"「韓國政治研究」
Vol.7 No.1, (1997), 정윤
재,「다사리국가론」(서울:
백산서당, 1999)이 있고,
정치학 분야의 학위논문
으로는 정윤재, "안재홍의
정치사상 연구," 석사학위
논문 (서울대학교, 1981),
YOUN JAE CHUNG, A
Medical Approach to
Political Leadership :
AN CHAE-HONG AND
A Healthy Korea,
Dissertation for Ph. D
in Political Science
(University of Hawaii,
Manoa, 1988), 정호원,
"민세 안재홍의 신민족주

의 정치사상 연구," 석사
학위논문 (연세대학교,
1987), 윤대식, "민세 안
재홍의 정치사상과 정치
노선에 관한 연구," 석사
학위논문 (한국외국어대
학교, 1992)과 사학분야
의 김인식, "안재홍의 신
민족주의 사상과 운동,"
박사학위논문 (중앙대학
교, 1997) 이 있다.
2) 해방 이후 안재홍의
정치적 행로를 따라가 보
면, 그의 신민족주의·신
민주주의는 새로운 국가
건설에 적실한 정치교의
로 제시되었으며 그 의도
가 새로운 국가 구성원에
게 정치적 의무의 인지와
이행을 심어주기 위한 것
임을 찾을 수 있다. 이로
부터 안재홍의 민족개념
은 문화(역사)공동체이자
정치공동체로서의 의미를
동시에 지니며, 그가 사용
하는 민족국가 개념 역시
국민국가 개념으로 치환
될 수 있다. 본문에서는
안재홍이 사용했던 용어
를 그대로 빌어서 '민족
국가'를 사용하도록 할
것이며 그 의미 역시 국
민국가와 동일하다.

론, 신민족주의·신민주주의론에 대한 사상적 검토가 그 당
위성에 대한 것에만 치중되었을 뿐 이에 내포된 정치적 함
의, 즉 새로운 국가의 구성원이 지녀야 할 정치적 덕목의 인
지와 실천을 요구했던 그 정치적 의도에 대해서는 거의 논의
되지 않았다. 신민족주의와 신민주주의를 정치교의로서 파
악한다면 안재홍이 의도했던 신민족주의·신민주주의의 이
념에 기초한 통합된 국민국가(Nation-State)의 실체와 그
의의를 명확히 이해할 수 있을 것이다.[2] 따라서 이 글은 안
재홍의 신민족주의·신민주주의가 단순한 정치적 슬로건에
그친 것이 아니라 한 시대의 문제해결을 위해서 제시된 정치
교의이자 안재홍 자신의 정치사상이었음을 논증하는 것이
다. 더 나아가 이러한 맥락에서 접근할 경우, 현재진행 중인
한국정치의 근본적인 문제로서 내부적인 분열 —남북문제와
동서대립— 의 해결대안으로 적실성을 찾을 것으로 기대할
수 있다.

한편 이 글은 안재홍의 현실정치 참여시기인 해방 직후부
터 한국전쟁 이전 시기까지가 연구대상이 된다. 따라서 연구
의 시간적 범주는 해방정국을 중심으로 안재홍 자신이 현실
정치에 참여했던 실천의 시기를 고려해야 하고, 동시에 그

정치교의의 단서를 뒷받침하기 위해 이전 시기의 단편적인 자료들도 보완적으로 검토되어야 할 것이다. 해방 이후에 나온 안재홍의 저서들[3]을 중심으로 그의 신민족주의·신민주주의의 내용과 목표, 그리고 실제 그가 걸었던 정치노선간의 일관성을 검토하고 그가 제시한 정치교의의 함의를 정치적 의무의 형성과 이행의 측면에서 해석하고자 한다.

2. 신민족주의와 신민주주의 : 정치교의로의 의의

1). 신민족주의 : 민주주의의 선행조건

해방 이후 다양한 국가건설론이 제시되었던 시기에 안재홍은 자신의 정치적 신념을 구체화해서 신민족주의·신민주주의로 표명했다.[4] 안재홍은 우선 해방과 분단이라는 상황 속에서 한민족(韓民族)의 진로가 진실한 지도적 이념에 의해서 좌우될 것이라고 판단했다. 우선 그는 시대적 과제를 "조선민족이 하나의 균등·평권의 협동호애하는 결합체로서 어떻게 공동운명인 자유와 안전한 생존기법을 확실하게 세울 수 있는가에만 달린 것"[5]으로 규정하고 이러한 지도이념이 필요하다는 점을 역설했다. 이러한 문제의식은 식민지

3) 안재홍의 글은 단행본으로 『신민족주의와 신민주의』 신조선총서 1집 (서울: 민우사, 1945), 『한민족의 기본진로』 신조선총서 2집 (서울: 조양사, 1949), 『조선상고사감』 상, 하 (서울: 민우사, 1947)이 있고, 그의 논설·시평 등이 안재홍선집간행위원회, 『민세 안재홍 선집』 I-V (서울: 지식산업사에 소개되어 있다. 천관우에 의하면 안재홍이 시대일보와 조선일보에서 현역 언론인으로 활동당시 사설 약 980편과 시평 약 470편 등 총 1550여 편의 글을 집필했다고 한다. 천관우, "해제 (1)," 안재홍선집간행위원회편, 『민세안재홍선집』, p. 4. (이하『선집 I』, 『선집II』로 명명)

4) 안재홍이 '신민족주의'라는 용어를 처음 쓴 때는 조선국민당 결성(1945. 9. 1)과 관련해서 성명을 발표한 1945년 9월 4일이었고 저서『新民族主義와 新民主主義』를 탈고한 때가 1945년 9월 20일이었다. 이 시기에 안재홍은 모든 정치활동을 중단한 채 급박한 정치현실에 요청되는 극좌·극우의 두 극단을 극복하여 민공협동을 추진하려는 이론을 체계화하려는 의도에서 시급히『新民族主義와 新民主主義』를 소개했다. 김인식, "안재홍의 신민족주의 이념의 형성과정과 조선정치철학," 『한국학보』 24집 4호(1998c), pp. 206-208.

해방 이후 국가건설이라는 당면과제를 가진 현실에서는 당연한 것이기도 했다. 더 나아가서 "현대에는 모든 불평대립의 요소가 지양청산 되고서의 국민적 총결합이 요청된다"[6]는 안재홍의 정세판단은 당시의 좌우이념 갈등과 분단이라는 상황을 극복하기 위해서 전민족적이고 초계급적인 협동이 필요했다는 사실을 시사한다. 이것은 안재홍이 해방을 단순히 식민지배로부터의 탈피라는 외형의 문제로서가 아니라 계급투쟁의 개연성을 민족통합이라는 궁극의 단계로 승화시켜야 한다고 판단했던 사실을 반영한다. 그렇기 때문에 안재홍의 문제의식은 "현 단계에 있어 시급한 안은 조선의 통일 민족국가를 하루바삐 완성하여, 안으로 혼미에 빠진 대중을 유도 집결하고, 밖으로 연합국과의 국교를 신속 조정하여, 새 민족천년의 웅대한 재출발을 하는 것이다... 오늘날의 최대 급선무는 신민족주의와 신민주주의를 목표로 삼는 통일민족국가 결성"[7]으로 귀결된다.

그렇다면 안재홍이 주장하는 신민족주의와 신민주주의란 무엇일까? 안재홍은 기존의 민족주의를 배타적인 성격으로 평가하면서 편협한 기존 민족주의를 탈피하고 민주주의 원리를 내포한 현대적 변형으로서 신민족주의를 정의했다.

5) 안재홍, 『한민족의 기본진로』 (서울: 조양사, 1949), p. 5.
6) 안재홍, 1949, p. 94.
7) 안재홍, 『신민족주의와 신민주주의』 (서울: 민우사, 1945), p. 5.

서구의 민족주의와 민주주의는 대체 궁정을 중심으로 한 봉건귀족과 대지주의 자본가 등이 최초부터 특권벌적 독점으로 천하의 정권을 농단하여 계급적인 억압 착취 있다가 시대의 진운에 따라 한 걸음씩 소시민·노동자 및 농민 등 하층계급의 사람들에게 그 정치참여의 법을 할양한 소위 자본적 민주주의로 된 것이요 그러한 사회적 기반 위에 구성된 민족주의로서 그 발생 및 발전의 역사가 거의 근본적으로 다르다. 우리들은 이제 동일예속과 동일해방에서 모든 진보적이요 반항제국주의적인 지주와 자본가와 농민과 노동자가 한꺼번에 만민공생의 신발족을 함을 요청하는 역사적 명제 하에 있으므로 만민공동의 신민족주의요 신민주주의이다... 고대 이래의 조국고유의 민족자발의 민족주의·국민주의·민주주의의 제 이념과 꼭 합치되므로 다만 그것을 현대적 의의에 발전시키어 신민족주의요 신민주주의로 되는 것이다.[8]

여기에서 주목할 점은 신민족주의가 동일예속·동일해방의 상황에 가장 적합하다는 당위성을 주장한 사실이다. 안재홍은 당시 한국의 국민국가 건설이 민주적 사회의 운영을 먼저 경험한 서구의 진행과정과 다르다는 차별성을 부각시키기 위해서 그 역사적 특수성에 주목했다. 즉 식민지 경험

8) 안재홍, 1945, p. 42.

으로 인한 동일예속의 상태와 이로부터 동일해방의 상태는 내부적으로 갈등과 대립의 계급적 요소를 제거하는 결과를 가져왔기 때문에 초계급적 통합을 지향하는 신민족주의가 요청되는 역사조건으로서 초계급적 해방의 단계에 놓여 있다는 것이다. 따라서 안재홍은 근대적인 형태의 국민국가 건설을 역사적 필연으로 파악했다. 그것은 "사십년의 예속과 삼십육년의 질곡 밑에 전민족이 초계급적으로 굴욕과 피착취의 대상이 되었"지만 "이제 또 전민족 초계급적으로 해방되었나니 초계급적인 통합민족국가를 건설하여 전민족의 해방 및 독립의 완성을 도모함이 역사의 명제"[9]라는 인식에 기초하는 것이기도 했다. 역설적으로 안재홍은 통합된 민족국가 건설이라는 당위성을 역사적 필연으로 전환하기 위해서 민족주의의 발생과정에 대한 한국의 차별성을 강조했던 것이다. 또한 그것은 해방된 한국의 현실이 투쟁과 대립의 요소가 소멸되었기에 궁극적으로 국민국가의 형태를 취하는 민주적 사회로 진입할 수 있는 요건을 갖추었다고 그가 판단했음을 보여준다. 이러한 특징은 안재홍이 주창한 신민족주의에 기초한 국민국가의 내용으로서 민주주의적 평등성이 자연스럽게 성취될 수 있다는 기대와 당위성을 시사하는 것이기도 하다. 동시에 그것은 계급혁명의 실현 가능성을 차

9) 안재홍, 1945, p. 41.

단하고 민족의 통합을 전면에 내세우는 것이 현실적이라는 인식을 보여주는 것이기도 하다. 왜냐하면 식민통치로부터 모두가 압박과 착취의 대상이었다는 점과 이로부터의 해방 역시 동시적인 해방이라는 점에서 계급적 모순이 있다 할지라도 정치적 의도와 사회적 시책으로 시정될 수 있다고 파악했기 때문이다.[10]

　한국에서 민족주의의 요구가 역사적 당위성을 갖는다는 점을 통해서 안재홍은 신민족주의의 주창을 정당화했다.

　　민족과 민족의식은 그 유래가 매우 오랜 것이니 근대자본주의 시대의 산물이 아니다… 지방적 애국주의는 지양 청산됨을 요하였음과 같이 근대에 있어 국제적 협동연관성을 무시하는 고립 배타적인 민족주의 혹은 국가주의는 배격되어야 하겠지만 민족자존의 생존협동체로서의 주도이념인 민족주의는 거룩하다. 이에 특히 신민족주의가 제창되는 이유이다.[11]

　안재홍은 기존의 민족주의를 지방적 애국주의에 한정된 국수주의로 이해했다. 그런데 한국에서 요구되는 민족주의는 역사발전의 필연성으로부터 요구되기 때문에 기존의 민

10) 김인식, "안재홍의 신민족주의의 과학성론,"『사학연구』55-56집 (1998a), p. 855.
11) 안재홍, 1945, pp. 5-6.

족주의가 지닌 배타성을 탈피한 것이어야 한다. 더구나 한민족의 생존이 협력에 기초하고 있다는 상황판단은 안재홍으로 하여금 신민족주의를 제창하게 한 원인이었다. 특히 "일 인민에게 적정타당한 사회도덕의 구현으로서의 진정한 입법은 반드시 당해 인민의 과거 문화의 총화인 역사의 소산이어야 한다"[12]는 안재홍의 인식은 당면과제를 그가 어떠한 방식으로 해결하려고 하는지를 보여주고 있다. 그는 역사적 다양성과 특수성이라는 측면에서 민족주의를 역사의 산물로 이해했기 때문에 정치적, 사상적 차원에서 기존의 민족주의가 보여준 몰아적 국제추수 또는 문화적 국제추수주의를 배격했던 것이다.[13]

안재홍은 민족주의가 지닌 정치적 효능성도 간과하지 않았다. 그는 국가건설이라는 과제 앞에서 민족주의의 이념적 설득력을 활용해야 했다. 또한 분단이라는 문제가 현안으로 직면했기 때문에 분단극복을 위한 최선의 방안으로 민족주의의 호소력만이 유효하다고 판단했을 수도 있다. 동시에 그는 기존 민족주의의 국수적이고 폐쇄적 위험성을 알고 있었기 때문에 독립과 분단극복을 조화시킬 수 있도록 민족주의 이념을 새롭게 재정립해야 했다. 여기에는 한국의 해방이 연

12) 안재홍, 1945, p. 11.
13) 정윤재, 「다사리 국가론」(서울: 백산서당, 1999), p. 89.

합국 승전이라는 타력이 결정요인으로 작용하여 이루어진 불완전한 것이었기에, 완전하고 진정한 해방이 아직도 당면한 일차적 과제라는 안재홍 자신의 현실인식도 가미되어 있다.[14] 이러한 인식은 "현대의 국제정국에서는 필연 또 당위적으로 제국민 각자의 통일민족국가의 완성과 그 때문에 민주주의의 실현을 요청하고 있게 되는 역사적인 객관정세"[15]라는 시대인식과 궤를 같이하는 것이다. 따라서 안재홍은 신민족주의의 요청이 민족주의의 고유성과 다양성을 포섭하는 국제협력적 민족주의로서의 당위성을 지닌다는 논리로 신민족주의를 정당화했다.

안재홍의 신민족주의론은 민족주의가 국가건설과정에 발전적 역량을 유도하는 촉매제이며 동시에 그것이 내부운영원리로 구체화되는 과정에서 여론의 수렴과 자발적인 수용이라는 민주주의로의 진행과정과 불가분의 관계임을 시사하고 있다. 즉 안재홍은 "만민의 대중생활을 그의 국정과 국제연관성에서 규정 입안하여 실천 이행하는데서 일개의 생동하는 주의가 구성되는 것이다. 이것이 현대 조선건국의 이념으로서의 신민족주의요, 신민주주의"[16]라고 규정함으로써 민족주의가 민주주의와 동일한 궤적을 따르는 것으로 규정했다. 결국 그에게 신민족주의와 신민주주의는 표리의 관계

14) 김인식, "좌우합작운동에 참여한 우익주체의 현실인식변화," 『근현대사 강좌』11호 (2000), p. 159.
15) 안재홍, 1945, p. 12.
16) 안재홍, 1945, p. 43.

이며 조선인을 민족결합 · 균등호애 · 독자자활의 결정된 의식으로 정진시키는 독자적 노선이었다.[17]

2). 신민주주의 : 다사리의 현대적 변용

안재홍은 신민족주의와 신민주주의의 표리관계를 민족주의와 민주주의간 상보성의 맥락에서 접근한다. 안재홍은 신민족주의를 민주주의에 선행하는 것으로 상정하고 신민주주의의 개념을 신민족주의로 포섭했다. 왜냐하면 새로운 국가건설의 과제가 가장 시급한 것이고 또한 역사발전의 필연적 단계로서 국민국가의 완성을 위해서 그 원동력으로 민족주의를 필요로 한다고 판단했기 때문이다. 그렇기 때문에 "진정한 민주주의는 조선 현하 사회의 객관조건에 입각하고 구원한 역사와 문화의 전통에서 요약되고 귀납되는 논리적 성과로서 필연 또 당위의 존재"[18]이며 신민족주의에 기초한 국민국가야말로 신민주주의 원리에 의한 사회운영의 필연성을 갖는다는 것이다. 이에 따라 안재홍은 신민족주의에 기초한 국민국가의 모습으로 내부적인 조화와 통합의 지향, 그리고 외부적으로 그와 같은 내포의 확대를 통한 조화와 통합, 즉 협력적 국제관계를 지향할 것을 기대했다.

17) 안재홍, 1949, p. 64.
18) 안재홍, "민주독립과 공영국가," 안재홍선집간행위원회 편, 『민세안재홍선집II』 (서울: 지식산업사, 1983, 이하 『선집II』로 명명), pp. 214-215.

그렇다면 이것이 가능하기 위해서 요구되는 것은 무엇일까? 그것은 민주주의이다. 안재홍은 신민족주의적 국가의 출현이 역사적 필연이듯이 신민주주의 역시 필연적 요구이자 한국 고유의 역사적 맥락에 내재했다는 논리로 신민주주의의 당위성을 확보하려고 했다. 안재홍은 신민주주의의 당위성을 어떻게 끌어내고 있는가? 그것은 그의 정치관으로부터 유추할 수 있다.[19] 안재홍은 조선 고유의 정치철학으로 수의 철리를 거론하고 숫자명칭인 '다섯'(五)에서 전통적인 민주주의 원리로서 '다사리'를 유추했다. 그는 '다사리'가 정치 그 자체를 의미하는 고유한 용어라고 설명했다. 즉 "정치는 다사리이다. 다사리는 그 방법에서 전인민 각 계층의 총의를 골고루 표백케 함이요, 그 목적에서 전인민 각계층의 '나'와 '나'와를 '다살리어' 유루(遺漏)와 차등없이 함이니, '나라'요 '겨레'요 '다사리'요, 이는 하나의 통일된 민주적 국가가 정치·경제·문화·사회 등 대중생활의 전부면에 뻗치어 고유한 그러나 생신한 민주주의에 말미암아 자아국가를 그의 신민족주의의 대도에서 정진매진케 하는 지도이념"[20]이라는 것이다.

안재홍은 다사리의 어의적 측면, 즉 '다 사리어'로서 '모든 사람을 다 말하게 하여'라는 의미로 추출하고, 이를 통해

19) 안재홍의 신민족주의·신민주주의를 정치교의로 상정한다면, 신민족주의·신민주주의는 안재홍 자신이 이해한 조선정치철학의 토대 위에서 제시된 것이며 그의 조선철학은 한국말의 숫자, 즉 수(數)의 철리(哲理)에 대한 이해를 통해서 엿볼 수 있다. 김인식, 1998c, pp. 214-218.
20) 안재홍, "국민당 선언," 「선집Ⅱ」, p. 62.

서 '만민총언'(萬民總言)이라는 국민주권 사상과 언론의 자유, '만민공생'(萬民共生)이라는 공동체적 정의를 기본가치로 하는 민주주의의 기본이념을 도출했다.[21] 즉 '다사리'는 다 모여서 의논하고 처리한다는 원래의 의미를 가지고 있다는 점에서 "국민총원을 다 살린다는 진생 혹은 함존케 하는 공영국가를 만들자는 것"[22]에 목적을 두고 있다는 것이다. 정치행위가 사회적 가치의 권위적 배분을 위해서 논의와 결정을 수행하는 참여과정이라고 한다면 '다사리'는 민주적 정치행위로 이해될 수 있다. 오히려 안재홍은 다사리이야말로 국가 구성원 모두의 참여를 보장해주고 구성원 모두의 동등한 이익이 보장받을 수 있는 균등사회로의 실천방법으로 판단했다. 그러므로 '다사리' 개념은 "민족결합" "협동호애" "민족생존" "국제협력"등 내외적으로 민주주의의 의미를 함축하고 있으며, 이로부터 신민족주의와 신민주주의의 관계가 표리에 해당한다는 점을 확인할 수 있다.

안재홍은 전통적인 '다사리' 개념이 근대적인 국민국가에서 참여의 권리를 부여받은 일반 대중에게 확대, 적용되어야 한다는 당위성을 신민주주의로 표현했다. 따라서 신민주주의는 근대국가로의 진입과정에서 확대된 민주주의이며 역사의 필연적인 단계이다. 더구나 "상대 이래로 민족 고유한

21) 정윤재, 1999, p. 93.
22) 안재홍, "역사와 과학과의 신민족주의," 『선집 II』, p. 234.

정치문화로서의 만민공생의 민주주의가 있어 왔기" 때문에 한국의 국가건설 과정은 "이 문화의 전통과 세계인류의 양심과 국제정치의 요청과 및 사회객관의 정세에 터를 잡아 근로대중의 복리에 중점을 두는 전국민 각 계층의 평권적인 생존 및 생활을 구현하는 진정한 민주주의"[23] 즉 신민주주의를 채택해야 하는 정당한 근거를 가지는 것이다.

신민주주의의 채택이 역사적 당위성을 지닌다 할지라도 그 내용을 이루는 전통적인 다사리 이념이 채택되어야 할 당위성은 무엇인가? 더구나 안재홍은 다사리 이념이 지닌 민주성에도 불구하고 전통사회에서 대중의 정치참여는 제한적이었다는 역사적 사실로부터 다사리 이념이 소수 지배계급의 민주주의 정치원리로 한정되었던 점을 인정했다. 그러나 다사리 이념이 현대의 참여민주주의가 지닌 본질과 차별되는 것이라 할지라도 동양의 전통적인 민본주의 이념과 합치되며 서구의 민주주의 역시 그 시작에서는 시민에게만 참여가 한정되었던 사실로부터 다사리 개념의 한계성을 최소화했다.[24] 오히려 그는 식민통치로 인해서 전단계 역사에서 저질러진 소수 특권계급에 의한 정치, 경제, 사회적 독점과 착취의 조건이 소멸되었고 새로운 국가건설 과정에서는 훼손된 민주주의 원리를 현대적이고 대중적인 정치원리로 부

23) 안재홍, "건국구민의 대사명," 『선집Ⅱ』, p. 98.
24) 다사리의 이념이 만민총언, 대중공생이라는 한국 고유의 민주주의 원리에서 자생한 것이라는 안재홍의 분석을 보자면 그가 동양의 민본주의와 다사리 이념을 부합시키고 있음을 알 수 있다. 그러나 다사리의 한계성이 소수 특권계층의 참여와 권리행사라는 문제점을 가지고 있듯이, 동양의 민본주의, 특히 맹자로부터 시원한 민본주의는 사실상 통치자의 관점에서 통치대상인 민의 중요성을 인지시키려는 의도로 제시된 것이지 민을 참여와 권리의 주체로 인정하려는 의도가 아니었기 때문에, 민본의 의미를 안재홍이 어떻게 이해했는지에 대한 연구도 독립적으로 선행되어야 할 것이다.

활시켜야 한다고 강조함으로써 고유의 민주원리로서 '다사리'를 신민주주의로 변용시켰다.[25]

안재홍은 "우리의 역사사회적 현단계가 선진 자본주의 국가의 밟아온 민주주의혁명을 조건짓지 못하나 조선 독자의 대중적인 신민주주의의 성립이 요청되고 있다"고 신민주주의의 역사적 필연성을 역설했다. 이어서 그는 "조선은 중산계급 즉 중소지주 및 중소기업가의 계급과 노동자와 농민이 병진협진하여야 할 객관사회인 것이니... 통합국가 건설을 가능타당케 한다"[26]고 객관적 정세에 주의해서 "조선의 객관적 사회정세와 민족해방의 완성 또는 민족의 민주통일국가 완성이 요청되고 있는 현 순간의 역사적 단계성은 자못 명백한 사실이다... 민족결합, 균등호애, 독자자활의 결정된 의식으로 독자적 노선을 정진키로 해야 할 것"[27]이기 때문에 한국의 국가건설과정에서 민주주의의 채택이 역사적 필연이라고 주장했던 것이다. 그에게 민주주의의 원리는 전통 속에 내재한 것이기에 신민주주의는 고유의 민주적 원리인 '다사리'를 채택해야 하는 것이며 이로 인해서 민주주의적, 민생주의적 정치도의로 기능할 수 있다는 것이다.[28]

신민주주의론은 안재홍 자신이 한국의 역사과정에서 내재

25) 정윤재, 1999, p. 94.
26) 안재홍, 1945, p. 51.
27) 안재홍, 1949, pp. 61-63.
28) 안재홍, "역사와 과학과의 신민족주의," 『선집 II』, p. 234.

적으로 진행되었던 민주주의의 전통을 재정립한 것이기 때문에 근대적 국민국가 건설원리로서의 민주주의이다. 왜냐하면 신민족주의 노선에 따른 자주적·독립적 국가를 형성할 경우, 이러한 국가는 내부적 갈등을 지양하고 협동하여 균등한 사회를 수립할 수 있으며 동시에 초계급적 통합국가를 이룰 수 있기 때문이다. 나아가 통합된 국민국가는 자연적으로 민족자존의 생활협동체인 동시에 국제협동의 선의의 분담자의 역할을 수행할 것이라는 낙관적 기대로 전개된다.[29] 그는 "민족주의와 사회주의는 영원히 대립 평행할 양개의 선은 아니요, 조만간에 통과하여야 할 역사의 진행 도정에서의 양개의 점"[30]이라고 규정하고 신민족주의론과 신민주주의론이 통합된 민족국가의 지도이념일 것을 기대했다. 이 점에서 안재홍의 신민족주의·신민주주의론은 배타적이고 독선적인 과거의 민족주의적 폐쇄성과 계급투쟁의 공산주의에 비교우위를 지닌다.[31]

신민족주의가 민족이라는 공동운명체에 있어서 필연적으로 나타나는 민족의식 형성의 역사성과 민족주의의 타당성을 인정하면서 동시에 지방주의를 배격한 것이라면, 국내적인 통합의 이념으로서 민족주의와 국제협동의 측면에서의 민족주의 일치를 가져올 수 있는 대안일 수 있다. 동시에 내

29) 새로운 국민국가가 지닌 개방적이고 국제협력적 성격의 강조는 안재홍의 시대인식에 기초한다는 점에서 신민족주의·신민주주의론과 논리적 일관성을 지닌다. 왜냐하면 그는 해방이 타력에 의한 것이고 미소의 분할 점령이라는 해방의 제약성으로 이어졌기 때문에 완전독립의 제약성으로도 이어졌다고 판단했던 것이다. 그는 타율의 해방이 가지는 제약성이 완전독립을 달성하는 데서 국제 제약성으로 작용함을 깨달았기 때문에 그의 신민족주의·신민주주의의 내용 역시 개방적이고 협력적인 요소를 지닐 수밖에 없었던 것이다. 김인식, 2000, p. 159.
30) 안재홍, 1945, p. 19.
31) 안재홍, 1945, pp. 40~42.

32) 안재홍의 위상을 민
족주의 좌파로 규정한 근
거는 안재홍 스스로가 자
신의 항일노선을 이렇게
규정했기 때문이다. 안재
홍은 신간회 출범에 대한
글에서 비타협적인 민족
주의자를 '좌익'으로, 타
협적인 친일세력을 '우경
세력으로 구분하면서 스
스로를 비타협적 민족주
의 좌파로 규정했다. 안재
홍, "신간회의 창립준비,"
안재홍선집간행위원회,『민
세안재홍선집 I』(서울: 지
식산업사, 1981), p. 204.
; 일반적으로 안재홍을 민
족주의자로 규정한다. 그
이유는 해방 이후 좌우갈
등 속에서 안재홍이 신민
족주의와 신민주주의를
새로운 지도이념으로 제
시하고 좌우를 포섭하는
정치주체로서 민족주의
진영의 단결, 즉 순정우익
을 주장했기 때문이다. 따
라서 이전 항일투쟁 시기
와 해방정국에서 새로운
국민국가 건설을 의도했
던 안재홍의 정치적 행보
를 일관된 것으로 평가할
수 있다면, 그 자신이 민
족주의 좌파로 규정한 항
일노선의 성격은 실제로
좌파적 급진주의를 의미
하는 것이 아니라 외부세
력(일본 제국주의와 미·
소)으로부터 독립적이고
비타협적인 민족주의 노
선을 지칭하는 것으로 파
악해야 할 것이다.

외적으로 통합과 협력을 지향하는 신민족주의의 틀 내에서 신민주주의는 전통적인 민주적 운영원리가 대중으로 확대된 자연스러운 결과이다. 결국 역사적 소산으로서 신민족주의에 전통적인 민주주의 원리인 다사리의 재조명은 신민주주의로 귀결된다. 이로부터 안재홍의 신민족주의·신민주주의론은 현대적으로 변용된 민족주의의 토대 위에서 민주적인 운영원리를 지닌 국민국가의 완성이라는 과제를 해결하는 정치교의로서의 의의를 갖는다.

3. 중도적 정치노선 : 순정우익으로의 집결

1). 중앙(中央)의 개념

안재홍의 정치노선은 현재까지 중도노선으로 규정된다. 그의 중도노선을 규정하는 기준은 일제시기 비타협적 민족주의 노선을 지향한 정치세력을 민족주의 좌파로서 규정하고 있는데서 알 수 있다. 또한 그 스스로도 민족주의 좌파를 천명하고 그 기준으로서 일제에 대한 비타협적인 민족주의 진영을 거론했다. 이것은 안재홍이 식민지 시기에 친일파를 극단적 우익, 타협적 민족주의 진영을 민족주의 우파, 공산

주의자를 극단적 좌익으로 구분했다는 사실에서 추론가능한 것이기도 하다.[32]

안재홍은 해방 전후에 여운형과 함께 건국준비위원회에 주도적으로 참여했다. 그것은 연합국의 승전으로 인해서 갑자기 찾아온 해방의 상황에서 국가건설을 주도할 수 있는 조직으로 당시 여운형의 건국동맹 밖에는 없었기 때문에 이러한 현실적 한계성을 자각한 불가피한 선택이었다.[33] 안재홍은 건국준비위원회를 통해서 해방 이후 최초의 정치활동에 돌입한 뒤에 독립된 민족국가의 완성이야말로 타력에 의한 불완전한 해방을 극복하고 완전한 해방을 이루는 것으로 인식했다. 그는 초계급적 통일국가건설이라는 과제를 위해서 민족주의와 공산주의의 이념적 대립이 지양되어야 할 시급한 것으로 판단하고 좌우합작과 민공협동을 주장했다. "좌우합작이 뒤늦게 일어났으나 일보의 전진도 없이 사실에서 파열되었다... 삼팔선의 철폐와 함께 극좌 및 극우적인 편향을 아울러 방지하고 점진적 합법적인 평권사회 건설의 부과된 노선을 협력병진할 것"[34]이라는 그의 태도는 이후 좌우합작을 위한 건국준비위원회 참여, 건국준비위원회 탈퇴, 미군정의 민정장관 수락, 민공협동을 위해서 국민당을 창당하는 일련의 정치적 행보와 일관성을 지닌다. 따라서 해방 이후에

33) 김인식, "해방후 안재홍의 안재홍의 민공협동 운동," 『근현대사강좌』10집 (1998b), p. 42.
34) 안재홍, "8·15기념의 민족적 의의," 『선집 Ⅱ』, p. 140.

35) 강영철, 「민세 안재홍의 사상과 통일의지」, 『북한』7월호 (1988), p. 149.
36) 「中庸章句序」에서 주희는 "'인심은 위태롭고 도심은 은미하니, 정갈히 하고 한결같이 하여야 진실로 그 중을 잡을 수 있다' 는 것은 순임금이 우임금에게 전수해 주신 것"(人心惟危, 道心惟微, 惟精惟一, 允執厥中者, 舜之所以授禹也)이라고 정언하고 있다. 여기에서 '中' 은 '中道' 로 풀이되는데, '중도' 의 의미는 '도에 적절한' 또는 '도에 맞는' 이라는 의미이다. 그렇다면 정치적 스펙트럼 상에서 '중도' 로 규정하는 범주는 좌와 우의 중간이라는 상대적 입장을 가리키는 것일 뿐 '중도' 의 원래 의미와는 관련이 없다. 그렇다면 안재홍과 같이 전통의 경학을 공부하고 신학문을 수업한 식민시기 지식인들은 '중도' 의 의미를 '중간' 이라는 상대적 용어보다 '때에 알맞은' (時中)이라는 의미로 사용한 것으로 파악해야 할 것이다. 따라서 안재홍의 중앙노선은 중간파로의 정치적 태도가 아니라 시의적절한 노선을 지향하는 태도를 의미하며 이로부터 순정우익의 정체성 역시 좌우의 개념으로 이해되는 것이 아닌 신생국가에 가장 필요하고 알맞은 정치세력을 의미한다.
37) 안재홍, 1949, p. 43.

그가 중도적인 정치노선을 취한 것은 용어사용의 변화일 뿐 본질적으로 노선의 변경이 아니라 일관된 행태였다.[35] 이 점에서 안재홍의 정치적 실천양태는 극우와 극좌를 지양한 중앙의 노선으로 규정할 수 있다.[36]

그렇다면 안재홍이 지향한 중앙의 노선이란 무엇인가? 왜 통합된 민족국가의 건설을 위해서는 중앙의 정치노선이 요구되는 것인가? 또한 중앙의 입장과 신민족주의·신민주주의 이념은 어떤 상관성을 지니는 것인가? 안재홍은 극단적인 좌우의 노선에 대한 비판과 차별로부터 중앙의 노선을 정립했다. 그는 동일예속·동일해방의 역사적 단계에 진입한 당시의 상황에서 이미 계급대립의 조건이 소멸되었다는 객관적 정세를 거론했다. 이러한 인식의 연장선상에서 그는 "소위 부르조아 데모크라시아와 프롤레타리아트의 독재를 전제로 삼는 공산주의는 현하 과정에서 각각 모두 일대수정이 요청되는 바로 둘 다가 그것을 그대로 받아들이어 어느 하나만을 온통으로 채용할 수는 없다는 것이 객관의 요청"[37]이라고 판단했다. 이에 근거해서 부르조아 독재나 프롤레타리아 독재와 같은 모든 계급독재를 배척한다면, 결국 새로운 국가건설의 과제야말로 양극단으로부터 균형을 유지할 수 있는 적합한 노선, 즉 신민족주의 · 신민주주의 이념에 기초한 중도노선으로 전개되는 것이다.

　안재홍은 좌우노선에 대한 비판으로부터 중앙노선의 정당성을 찾아나간다. 우선 그는 기존의 우익노선을 자본주의적 민주주의 · 민족주의로 규정한다. 이에 대한 비판의 이유는 자본주의적 민주주의를 성취한 프랑스의 인권혁명이 가진 한계성 때문이다. 즉 민주주의 혁명이 봉건적 특권을 제거하고 평등의 해방을 이루었지만 정치적 평등이라는 문제를 형식적으로만 해결했을 뿐, 인류의 실존양식을 결정하는 경제적 요인을 간과한 중도반단의 형태에 불과하다는 것이다.[38] 그렇기 때문에 안재홍은 프랑스 혁명이 가져온 민족주의의 결과도 배타적이고 파괴적인 형태로 왜곡되었다고 판단했다. 여기에서 그가 정치적, 법적 평등이 경제적 평등 또는 균등의 토대 위에서만 가능하다는 인식을 보여주는데 주목해야 할 것이다. 그 이유는 이후 그가 국민당의 정책으로 표현했듯이 경제적 균등의 토대구축을 국가건설의 제일요건으로 규정하는 단서이기 때문이다.[39]

　안재홍의 자본주의적 민족주의 · 민주주의 비판은 다음과 같이 전개된다. 그는 서구의 민족주의와 민주주의를 "왕실

38) 안재홍, "역사와 과학과의 신민족주의," 『선집 II』, p. 229.
39) 안재홍에게 정치적 · 법적 평등이라는 민주적 가치는 인간생존에 대한 최소한의 조건이 보장되어야 가능한 것이었다. 그렇기 때문에 그가 국가와 개인의 관계를 상정할 때 국가와 개인간의 쌍무적 관계에 기초한 권리와 의무의 인지가 가능하다는 인식에서 삼균주의를 주장하게 되었다.

과 귀족과 지주 또는 자본벌과 혹은 군벌, 종파 등이 부·권·지 등을 독점 지배했던 계급본위적인 국가주의"[40]의 낡은 형태로 보았다. 따라서 새로운 국가건설이라는 과제를 안고 있는 신생한국의 정치이념으로서 민족주의와 민주주의에 대한 자신의 기대와는 다르다고 판단했다. 특히 안재홍은 서구 민주주의의 문제점으로 부의 독점이 정치권력과 문화향유의 권리독점으로 진행되었던 사실에 주의를 기울였다. 즉 경제적 불평등의 구조가 생존의 기회불평등으로 진행된다면 생존의 수단으로서 경제적 요건을 독점한 소수에 의해서 정치권력의 독점과 이를 공고히 하는 제도적 장치로서 교육기회의 독점이 뒤따를 것이라는 문제점을 예단했던 것이다. 이와 같은 맥락에서 안재홍은 서구의 자본주의적 민주주의를 소수의 대자본가와 대지주가 지배하는 금권정치로 추락한 것으로 규정하고 이를 극우의 입장으로 비판했다. 즉 새로운 국가 건설에 그대로 받아들일 수 있는 조건을 갖추지 못했다는 것이다. 더구나 안재홍은 한국이 식민통치로 인해서 과점적 지배구조가 거의 제거되었다는 객관적 상황을 가졌기 때문에 내부적으로 평등성에 기초해서 민주적으로 운영될 수 있는 최초의 기회를 부여받았다고 판단했다. 따라서 서구의 민족주의·민주주의를 지향하는 우익노선은 국가건

40) 안재홍, "역사와 과학과의 신민족주의,"「선집 II」, p. 242.

설의 지도적 이념으로 부적합한 것이었다.

한편으로 안재홍은 극좌노선에 대해서도 일관되게 비판적 태도를 견지했다. 왜냐하면 그는 식민통치로 인해 소수의 봉건적 특권계층의 소멸로 민주적 가치의 적용이 가능해졌다는 종래의 태도와 입장에서 좌익을 비판할 수 있었기 때문이다. 즉 그의 역사관에서 나타나듯이 식민통치는 한국의 계급적 요소를 제거하고 사회혁명의 바탕을 마련해 준 외적요인이었다. 식민통치는 동일민족의 견지에서 동일예속의 상태였고 식민통치로부터의 해방은 동일해방이라는 초계급적인 것이었다. 동일예속·동일해방의 객관적 정세로 말미암아 한국에서의 국가건설은 초계급적이고 전민족적일 수밖에 없었다. 이러한 전제 하에 안재홍은 무산계급독재를 전제로 하는 공산주의 노선의 추종이 한국의 상황과 유리되었다고 확신했다. 그에게 계급투쟁은 부정될 수밖에 없는 객관적 논거를 가진 것이며 계급투쟁의 좌익노선이야말로 맹목적인 국제추수로 이해되었던 것이다.[41]

안재홍의 좌익비판은 한국에서 공산주의의 적용에 초점을 맞추고 있다. 왜냐하면 "경제적 유물사관이 사회발전의 도정을 규정하는 한 준승으로는 되지마는 허구한 동안 풍토, 역사 등 국제관계 하에 구체적으로 연성되어 온 검질긴 기구

41) 안재홍, "조선민족의 정치적 진로," 「선집Ⅱ」, p. 316.

를 간과하는데서 큰 과오가 생길 수 있기"[42] 때문이라는 것이다. 특히 안재홍은 경제적 유물사관이 갖는 역사설명 능력을 부정하는 것이 아니라 국가와 민족이 지닌 고유성을 보편적 논리로 재단하는 위험성을 경고했다. 만약 경제적 유물사관의 논리를 한국에 적용할 경우, 이미 계급적 대립요소가 소멸된 식민지 해방상태에서 계급투쟁에 의한 사회혁명이란 모순된 것일 수밖에 없다는 것이다. 그는 논리적으로 공산주의의 적용이 모순되는 한편 실천의 측면에서도 공산주의 적용이 모순된다는 점을 세 가지로 부각시켰다. 첫째, 공산주의는 전체주의이므로 개인의 자유성과 국민으로서도 각 개인의 자유성을 너무 무시하는 것이 인류의 전연성에 어그러진다는 점, 둘째, 상황에서 즉각적으로 주권을 장악하고 국가정치를 집행하려는 한 공산주의가 무산계급독재를 전제조건으로 삼으려는 점, 마지막으로 한국과 소련간 친선의 확보가 요청되는 영원한 국책적 견지에서 공산주의 정권의 출현이 불가하다고 주장했다.[43] 이러한 인식의 바탕 위에서 안재홍은 공산주의에 대해 명백한 반대입장을 표명하고 "결코 공산주의만을 신봉, 진행하기 위하여 국민대중의 복리를 아니 돌아보아도 가하다는 조건은 있을 이유 없다"[44]고 강조했다. 그의 반공산주의 입장은 "전민족 대중, 국민대중이 어

42) 안재홍, "신민족주의와 신민주주의,"「선집Ⅱ」, p. 20.
43) 안재홍, 1949, pp. 66-70.
44) 안재홍, 1949, pp. 71-72.

찌하면 균등공영의 협동호애하는 독립자활을 확보하겠는가에 있다"는 점에서 전 민족을 민주통일, 자주균등의 독립된 국민으로 재정립하는 일이 역사적 과업이라는 자신의 신념에 기인하는 것이기도 하다.

만약 좌우를 비판하고 지양해야 한다면 어떠한 태도를 취해야 하는 것인가? 안재홍은 "현 단계의 조선사회는 일면 경제적 유물사관으로 다루어 치울 수 없는 과학적 논리가 뚜렷이 생성"[45)되어 있다고 지적하고 자본주의적 민주주의와 계급독재에 의한 공산주의의 채택을 모두 거부하면서 두 주의가 모두 독립국가건설의 이념으로 적합지 않다고 단정했다. 오히려 "현하 조선에는 신민주주의를 그 내용으로 하는 신민족주의 자주독립국가로서 조국을 재건함이 요청된다"는 것이다. 이러한 점에서 신민족주의·신민주주의에 기초한 그의 정치노선은 좌우를 지양하는 중앙인 셈이다.

안재홍은 좌우비판을 통해서 중앙의 노선이 진정한 민주주의 노선임을 밝혔다. 그는 중앙의 노선을 "좌에서 무산계급독재를 전제요항으로 하고 개성의 자유와 재산의 일정한 사유세습의 원칙을 무시하는 공산주의의 강요를 반대함이요 극우에서 봉건적, 대지주적, 자본벌적 특권계급지배의 국

45) 안재홍, "한민족의 기본진로," 「선집Ⅱ」, p. 360.

가를 배격하는 것"[46]으로 정의했다. 그는 중앙의 노선을 중간파라는 경멸적 용어로 평가절하하는 당시의 지적 분위기에 대해서 "중간노선, 중간당이라고 함에서 그 어의 더욱 달라지나니 중간노선은 좌우를 전제하여 그에 상대적 절충적 존재한 것이요, 중간당은 역시 좌우 양간에 의위모호(依偉模糊)한 존재인 것이다. 이것은 필연으로 관망부동하는 기회주의적인 자로 추락하는 것이므로 그 불가함은 논의를 요치 않을 바"[47]라고 지적하고 중간노선과 중앙노선을 구별했다.

중앙의 정치노선이 갖는 차별성이란 무엇인가? 안재홍은 스스로를 "공산주의자인 좌익측과 민족주의자는 마땅히 협동을 하여야 한다는 민족협동론자"[48]로 규정하고, 중앙의 개념이란 바로 협동의 개념을 내포한다는 점을 강조했다. 그는 협동을 "민족해방의 완성과 민족자주독립국가 완성 때문에 진보적인 민족주의 노선에서 협동하자고 하는 것"[49]이며 중앙의 노선이 좌우의 협동을 기본원리로 하는 통합노선이라고 정언했다. 즉 그에게 협동의 의미는 기계적 절충에 의한 합작의 노선이 아니라 민주주의 혁명과 공산주의 혁명의 성격과 노선이 회통, 종합하여 수정된 제3의 노선이었다.[50] 안재홍에게 중앙의 노선은 좌우의 지양임과 동시에 협력이라는 의미를 갖는다. 안재홍에게 민공협동은 중앙의 노선을 통

46) 안재홍, "순정우익의 집결," 『선집Ⅱ』, p. 209.
47) 안재홍, "민주독립과 공영국가," 『선집Ⅱ』, p. 218.
48) 안재홍, 1949, p. 64.
49) 안재홍, 1949, p. 65.
50) 안재홍, "합작과 건국노선," 『선집Ⅱ』, p. 158.

해서 좌우의 대립을 극복하고 통합된 민족국가를 실현하는 구체적인 정치실천인 것이다.[51]

　그렇다면 민공협동의 주체는 과연 누구인가? 그것은 민족주의 진영이며 정치적으로 중앙을 견지하는 중도적 세력이었다. 협동에 대한 그의 정의에 비추어서 보자면, 그것은 명백히 좌우협력 또는 민공협동의 의미보다 민족협동이라는 의미로 사용되었다. 즉 "좌측에서 만일 조국을 공산당의 치하에 두는 공산주의 국가를 만든다면 나는 반대하는 것이다. 나는 그러한 경우 언제든지 민족주의자 입장을 명백히 들고 나아가는 것"[52]이라는 그의 반공산주의적 태도에서 민공협동이 실천되어야 민족국가의 완성이 가능하다는 그의 이상을 발견할 수 있다. 더구나 그의 민공협동 주장은 사실상 협동의 형태가 민족주의자가 주도권을 잡고 공산주의자가 이를 제 이선에서 지지하는 형태이다. 따라서 안재홍이 말하는 협동은 민주주의와 공산주의간의 대등한 협력이 아니라 민족주의 세력이 국가건설의 주도권을 장악하는 방식이었다.[53] 그 이면에는 "신민족주의적인 만민공생의 신조국 즉 외국의 지배가 설정되지 않는 민족 자주독립국가를 완성하기를 목표하고 그 노선으로 민중을 불러 들이

51) 안재홍은 좌우합작, 좌우대립이라는 용어보다 민공협동, 민공대립, 민공분열이라는 표현을 더 많이 사용했다. 여기서 '민'은 민족주의와 민주주의 이념·세력을 의미하며 '공'은 공산주의 이념·세력을 가리킨다. 따라서 안재홍에게 민족주의와 민주주의는 등가적인 것이었으며 공산주의와 대치되는 개념이었다. 그것은 그가 민주주의와 공산주의를 대립된 가치체계로 이해하고 있다는 점을 반영한다. 김인식, 1998b, p. 50.
52) 안재홍, 1949, p. 65.
53) 김인식, 1998b, p. 50.

키어 집결 단합하는데 필요한 협동호조의 공작을 하기를 맹세하여야 할 것"[54]이라고 목표했던 경제적 평등의 토대 위에서 민주주의적 가치를 획득할 수 있는 민족국가의 완성이 최우선 과제였던 안재홍 자신의 시대인식이 반영되어 있다.

안재홍은 극단적인 민족주의 논리와 극단적인 계급투쟁 논리를 지양하고 협동호애의 정신을 계승한 중앙의 노선을 선택했다. 더구나 극단적인 좌우의 입장을 지양한 협동의 노선을 추구하는 주체는 대중의 역량을 집결시킬 수 있는 세력이어야 했다. 그러므로 대중역량과 협동정신을 계승한다는 측면에서 그는 민족주의 진영의 적극적이고 독자적인 노선 추구를 강조했던 것이다. 진정한 민주주의의 구현을 위한 민족주의 진영의 역량결집이 안재홍이 추구했던 중앙의 정치 노선이라면 그 협동의 주체로서 민족주의 진영은 바로 순수한 민족주의, 곧 순정우익인 것이다.

2). 순정우익: 협동과 통합의 주체

식민통치 시기에 안재홍은 신간회 활동에 주도적으로 참여했고 내부적으로 해소여부에 대한 갈등과정에서 해소불가론을 주장했으며 해방 이후 여운형과 함께 건국준비위원

54) 안재홍, "시국광구에 정신할 추,『선집Ⅱ』, p. 374.

회에 주도적으로 참여하면서 좌우합작, 민공협동의 필요성을 제기했다. 이 과정에서 중도를 자처한 안재홍의 정치적 행보는 신민족주의의 신념과 실천의 일치를 보여준다.

안재홍은 "재야당적 민족주의 진영으로서 진정한 민주주의, 나의 주장하는 신민주주의의 노선에로 대중을 집결하면서 정부에 향하여는 비판적 지지자의 태도를 견지하여 진보적인 민족주의의 진영이 의연 대다수의 민중을 파악 집결하여서 다음 단계의 시국수습에 대비함을 요한다"[55]고 강조하면서 "민중이 민공합작에 결집되어야 하고 이러한 협동호애의 도의적 노력이 모든 객관의 악조건을 입입신고(粒粒辛苦)의 건설로서 점층적 극복을 하여야 할 것"[56]이라고 민공협동을 일관되게 역설했다. 만약 대중에 대한 민족주의의 호소력이 기대대로 작동할 수만 있다면 중앙의 노선이 지향하는 민족주의 진영의 주도적 역할은 정치전략적으로 유리한 것이기도 하다. 따라서 안재홍의 협동적 중앙노선은 국가건설 주체로서 민족주의 진영에 대한 기대로 전개된다. 그는 "남한에 있어 민족주의 진영의 총연합이 요청된다... 민족주의 총연합은 민간에서의 민주적 협동형태로서 대내에와 대외에서 집결되고 응결된 민족, 경륜 내지 국시가 일원적으로 표현되어야 할 것"[57]이라고 강조하며 총연합한 민족주의 진영

55) 안재홍, "조선민족의 정치적 진로," 「선집 II」, p. 318.
56) 안재홍, "협동호애, 대업완수," 「선집 II」, p. 398.
57) 안재홍, "협동호애, 대업완수," 「선집 II」, p. 399.

을 '순정우익'으로 규정했다.[58]

안재홍은 순정우익이 단순히 중간적인 입장에서 극단적인 좌우의 논리를 배격하는 기계적인 절충이 아니라 진정한 민주주의 노선, 즉 신민족주의·신민주주의 노선을 지향하는 정치주체임을 밝히려고 했다. 그는 '중간'이라는 용어의 사용을 부정하고 진정한 민주주의 노선으로서 순정우익을 정의했다.

극우는 조만 그 재수정을 요하는 우(右)이고 진정한 민주주의 노선만이 순정한 우익인 것이요, 그는 또 진보적이면서 영환성을 가진 순정 민족주의인 것이다... 진정한 민주주의 노선에서만 진정한 민족주의가 성립되는 것이니 이 즉 순정우익인 것이다.[59]

안재홍은 민족주의 진영의 결집을 통해서 내부적인 민족국가의 완성과 발전을 기대하고 외부적으로 국가적 역량에 바탕한 협력적 국제관계로 확대될 수 있다고 판단했다. 그것은 신민족주의론에서 제기되었던 이념적 목표이기도 했다. 순정우익의 결집을 강조한 이유 역시 정치전략적으로 대중

58) 안재홍은 극좌·극우에 편향되지 않은 민족자주노선으로서 순정우익을 규정하고 있는데 이것은 그의 정치이념으로서 신민족주의 노선이라고 할 수 있다. 이런 정치적 정향성은 그를 중도적 온건 우파로 평가하게 하는 원인이기도 하다. 김재명, 『한국현대사의 비극』(서울: 선인, 1988), pp. 131-132.
59) 안재홍, "순정우익의 집결," 『선집II』, p. 209.

의 역량을 수렴할 수 있는 설득력을 지니기 때문이다. 그러
므로 순정우익은 자본주의적 극우와 구별되는 것이며 공산
주의적 좌익에 대치되는 정치적 실체로서 성격을 명확히 하
는 것으로 상정된 것이다. 또한 순정우익은 안재홍 자신이
기대한 민주주의 성향을 지닌 민족주의 진영의 세력화를 의
미하는 것이기도 했다. 예를 들어 그의 정치행로에서 건준에
참여하고 이후 국민당을 창당하는 일련의 과정은 민족주의
주도권 아래 민족주의와 공산주의의 민공협동으로 과도정
권을 세우고 나아가 이를 바탕으로 민족주의자가 영도하는
통합된 민족국가의 건설을 염두에 둔 것이었다.[60] 이런 점에
서 그의 중앙노선은 순정우익이라는 개념으로 재정립되었
던 것이다.

중앙노선이 좌우의 극단적 편향을 지양하고 협동과 통합
을 지향하는 진정한 민주주의 노선이며 이를 이끄는 주체가
순정우익이라는 맥락에서 안재홍의 정치노선은 신민족주의
=신민주주의=중앙노선=순정우익으로 귀결된다. 이에 따라
순정우익의 역량결집에 기초한 중앙의 노선은 좌우익의 상
대적 위상으로서 중간노선과 차별화된다. 즉 "중앙노선은
민족자주노선이요, 독립기본노선이요, 신민주주의의 사회
건설의 토대 위에서 건축현현되는 신민족주의 노선"이기에

60) 김인식, 1998b, p.
38.

순정우익의 정체성은 "세간에 이미 좌익노선이란 자 존속되어 있음에서 민주독립노선"으로 규정된다.[61]

또 다른 맥락에서 보자면, 순정우익의 집결이라는 문제의식은 불완전한 해방과 국제적 역학관계로 인해서 안재홍 자신이 기대했던 국가건설의 노정이 진행되지 못할 것이라는 위기의식에서 발생한 것이기도 했다. 왜냐하면 그는 미소공동위원회가 파열된 이후 한국문제가 해방의 불완전성으로 인해서 국제적 제약에 놓여 있었다는 점을 깨달았기 때문이다.[62] 이러한 인식은 그가 미군정 하에 민정장관을 수락한 이유이기도 했다. 그는 미군정에 대한 협력적 태도가 내외적으로 독립된 민족국가 건설에 유리한 계기로 작용할 것이라고 판단했다.[63] 이러한 일련의 과정 속에서 안재홍은 독립국가 건설과 한국 정치사회의 재편성이라는 과제가 좌우협력에 의해서 해결되어야 한다는 인식과 함께 전략적으로 순정우익의 집결을 표명했던 것이다. 순정우익은 통합된 국가건설을 지향하는 중앙노선의 자기표명, 자기방호를 위한 정당화였다.[64] 이로부터 안재홍은 중앙노선의 선택이 "조국재건 도중에 있어 파쇼와 공산주의를 아울러 반대하고 진정한 민주주의 노선으로 대중집결을 도모하는 것은 가장 긴절한 민

61) 안재홍, 1949, p. 100.
62) 김인식, 2000, p. 158.
63) 이러한 인식은 신탁통치 문제에 있어서도 기술적 반탁이라는 태도를 취하게 한다. 즉 신탁통치를 독립과 반대되는 개념으로 이해하고 이를 적화, 예속, 재식민지화로 생각했던 탁치관과 달리 안재홍의 기술적 반탁은 강대국의 일국편향 또는 일국독단을 방지하는 예방책이며 해방의 국제제약성을 인정해야만 통일정부의 수립이 가능하다는 판단에 기인한다. 더구나 그가 반탁에 대한 반대입장으로 기술적 반탁을 주장한 것은 신탁을 지지하는 좌익측의 의회참여 가능성을 차단할 경우 통일정부의 수립이 불가능할 것이라는 판단도 덧붙여졌기 때문이다. 김인식, 2000, pp. 175-179.
64) 안재홍, "순정우익의 집결," 『선집Ⅱ』, p. 211.

족적 요청"[65]이기에 역사적 당위성을 지니며 그와 같은 역사적 사명을 이끄는 정치주체 또는 세력으로서 순정우익 역시 정당한 것임을 공고히 할 수 있었다.[66] 결국 민족의 해방과 독립국가 완성이 신민족주의·신민주주의 이념의 목표라는 점을 고려해 볼 때, 그의 주장대로 민족해방과 독립국가의 완성을 위해 정치세력간 협동을 요구하는 중앙노선이야말로 신민족주의·신민주주의와 일치하는 것이다.

한편으로 국민당 창당은 안재홍의 중앙노선에 부합하는 것이기도 했다. 그는 "현 단계의 제 정세에 있어서의 조선은 소위 신민주주의의 동질이체(同質異體)로서의 신민족주의의 추향이 국민당으로서의 필연한 성격"[67]임을 천명하고 국민당의 정강과 정책이 신민족주의·신민주주의의 정치이념을 구체화한 것이라고 지적했다. 이런 측면에서 그는 국민당 창당의 목표가 정권획득에 있는 것이 아니라 국민운동을 일으키는 것이며 다른 정파와의 제휴가능성을 통해서 통합된 국민국가로의 진행을 위한 실천장치라고 천명했던 것이다.[68] 우선 그는 국민당의 정강으로 세 가지를 제시했다. 그것은 민족국가의 건전한 발전과 국제협력의 최선의 분담자로서의 역할을 기대한다는 점, 국민의 노동과 대중공생을 이념으

65) 안재홍, "민주독립과 공영국가," 『선집II』, p. 217.
66) 안재홍, 1949, p. 102.
67) 안재홍, "국민당정강·정책해설," 『선집II』, p. 66.
68) 국민당의 창당목적은 국민당이 민족주의 정당임을 분명히 함으로서 민족주의 정당을 계속 통합하여 중경임정을 과도정부로 발전시키려는데 있었다. 그렇기 때문에 정당의 역할을 대중조직과 국민운동 차원의 정치투쟁을 수행하기 위한 것으로 규정했던 것이다. 김인식, 1998b, p. 63.

로 신민주주의 실현을 기대한다는 점, 민족문화의 전면적인 앙양과 인류대동의 조류에 순응하기를 기대하는 점으로 축약된다.[69] 또한 국민당의 정강은 신민족주의·신민주주의의 실현을 표명하고 있으며 이를 위한 구체적인 정책으로 전개된다. 안재홍은 국민당의 정책으로 민주주의 정치의 구현, 국민개병을 원칙으로 한 병역제도, 국유와 세습소유를 기초로 한 완만한 토지정책, 산업·금융·농민·노동자를 중심으로 하는 경제정책, 교육문화정책 등을 제시했다.[70] 여기에는 정치·경제·사회·교화의 권리와 기회의 균등한 향유를 통해서 일종의 사회혁명의 지향하는 안재홍 자신의 정치적 의도가 내포되어 있다. 이로부터 그의 신민족주의·신민주주의는 민족적 각성과 함께 민주적인 사회의 구현이라는 중층성을 실현하는 정치교의로서의 역할을 수행하게 된다.[71]

4. 정치적 실질 : 권리와 의무의 기제

1). 국가와 개인

안재홍은 중앙의 노선이 대중의 역량을 집결시켜 협력을 유도할 수 있기 때문에 신민족주의의 이념에 기초한 자주적

69) 안재홍, "국민당의 정강," 『백민』1권 1호 (1945. 12), p. 7.
70) 안재홍, "국민당 정강·정책해설," 『선집Ⅱ』, pp. 68–77.
71) 김인식, 1998c, p. 209.

인 독립국가의 완성을 가능케 할 것으로 기대했다. 그가 기대하는 신민족주의·신민주주의 이념이 실천된 국가는 내부적으로 만민공생·균등경제·협동호애의 원리를 토대로 하는 것이며 동시에 외부적으로 협력적인 국제관계의 분담자이다.[72] 또한 그것은 경제적, 정치적, 문화적 평등에 의해서 국민으로서의 실체가 구비된 전민족적이고 초계급적인 민주주의 사회이며 만민개로와 대중공생의 체제이기도 하다.[73]

그렇다면 안재홍은 국가에 대해서 어떻게 이해하고 있었는가? 아마도 안재홍의 국가관은 그의 정치이념을 단적으로 표현하는 청사진일 것이다. 우선 그의 국가관은, 정치관에서도 엿보이듯이, 조선철학에서 수의 철리로부터 유추되어진다. 그는 '넷'(四)이라는 숫자의 명칭에서 조선 고유의 국가철학이 내포되어 있다는 사실을 '나'와 '나라'의 어원 해석을 통해 제시하고 '나'로서 개인의 자아실현적 생명의욕에 주목하여 반독재적이고 자유로운 사상으로 조선 고유의 국가철학을 파악했다.[74]

안재홍은 국가의 어원으로 '나'를 거론했다. 따라서 그는 국가가 개인의 자아로부터 나가게 된 것임을 자신의 국가론

72) 안재홍, "역사와 과학과의 신민족주의," 『선집 II』, p. 242.
73) 안재홍, "新生會 宣言," 『선집II』, p. 307.
74) 정윤재, 1999, p. 90.

의 출발점으로 삼고 있다. 그는 숫자 '四'가 '넷'으로 불리며 이것을 '나' 또는 '출생'이라고 정언하고 출생과 자아의 표리관계로부터 생존과 진취 또는 발전이 이루어진다고 지적했다. 그는 '나'인 자아의 생활의식이 기초가 되어서 민족의 생존협동체이자 정신적 집결체인 나라, 즉 국가로 발전한다고 파악하고 '나'를 생활이념의 실질적인 집행자라는 점에서 개인의 자유를 확보했다. 더 나아가 국가 역시 타 국가와의 관계에서 나의 자유와 동일한 자유를 원천적으로 향유해야 하는 당위적 존재가 된다.[75]

안재홍은 "나라의 어의에서처럼 '나'인 자아의식의 중핵으로 하고, '나'인 개성이 윤리적 기본단위로 되고, '나거라'의 출생·생섭·생존 및 진취의 대기능을 발동케 하는 지상에 있어서 또는 인류문화에 있어서의 최대한 발명이요, 최귀한 기구"[76]로 국가를 평가했다. 그에게 국가는 개인으로부터 최고 단계로의 발전단계에 놓인 것으로 인간의 존재를 담지해 주는 사회 조직력의 유지장치이다. 이를 위해서 국가는 권력의 실체일 수밖에 없으며 절대선의 실현을 위한 매개체로 기능하는 것이다. 그 근거로 안재홍은 "사람은 '사름'이라 인류공존의 홍대한 이념을 함축한 바인데 나라는 '나로라'라 자아의식의 강력한 충격에서 결성된 것"[77]임을 지적

75) 안재홍, "신민족주의와 신민주주의," 『선집Ⅱ』, p. 34.
76) 안재홍, "역사와 과학과의 신민족주의," 『선집Ⅱ』, p. 239.
77) 안재홍, "국민당 선언," 『선집Ⅱ』, p. 61.

했다. 이러한 설명은 신생국가에게 건국의 당위성을 제공한다. 즉 안재홍에게 국가건설은 '민족을 건져내자는 말'과 동의어이며 "개인은 '나'이거나, 생존공동체인 민족"이기 때문에 "나라인 국가기구의 힘에 기대지 않고서는 생존·생활·진취·발전을 얻어볼 수 없는 것"이었다.[78]

안재홍은 국가와 개인의 관계를 불가분의 관계로 규정한다. 왜냐하면 그에게 국가는 '나'의 외연인 민족합동체이며 '나'는 국가의 핵심이기 때문이다. 즉 국가의 법과 제도는 바로 자아이념이 구현된 형태이고, 자아인 '나'의 이념은 나라의 내포에서 존속하고 흥성하기 때문이다. 따라서 '나'로서 개인은 형식상 국가의사에 종속되지만 자아와 국가간의 관계는 나와 나라와의 자유이며 자동적인 합일로 승화된다. 안재홍에게 국가는 개인의 존재로부터 발전된 결집체로서의 의미를 지니며, 국가의 역할은 개인의 자유의지와 권리 즉 자아실현을 보존하는 것이었다. 반면에 이미 개인의 자유의지의 확대된 외연으로서 국가는 단순히 행정적 기구의 성격에 한정된 것이 아니라 공동사회라고 하는 의식을 기초로 형성된 자아의지를 지닌 독립적인 행위자이다. 따라서 국가의 공동체 의식은 민족 또는 국민에 의해서 형성되어진다.

78) 안재홍, "建國救民運動의 高調" 『선집Ⅱ』, p. 88.

안재홍은 이러한 논리 전개를 통해서 개인은 정부에 대한 수동적인 도구가 아니며 국가 역시 개인에 대한 절대적인 권력 행사자가 아니라고 단정했다.[79]

안재홍은 '나'와 '나라'로부터 유추된 한국 고유의 정치철학이 폐쇄적인 국가주의로 매몰되지 않고 국가와 개인간의 불가분리적 관계에 놓여있다는 점을 논증했다. 그에게 국가와 개인은 자유의지의 독립된 행위자이며 동시에 상호간 자유의지 구현의 보장자이기도 하다. 이런 측면에서 안재홍은 한국 고유의 정치사상에서도 개인의 자유로부터 출발되는 보편적 자유이념이 존재함을 밝히고 국가에 반영된 개인의 자유의지를 통해서 권리의 집행자로서 개인을 규정했다고 할 수 있다.[80] 이로부터 '나'라는 개성은 국가를 구성하는 윤리적 기본단위가 되며 안재홍이 자아와 개성을 무시하는 전체주의 또는 공산주의에 반대했던 것도 이러한 철학적 인식과 일관된 것이었다.

안재홍은 한국 고유의 국가관을 통합된 국민국가의 실체로 자연스럽게 전환시킨다. 그는 "조선의 객관적 사회정세와 민족해방의 완성 또는 민족의 민주통일독립국가 완성이 요청되고 있는 현 순간의 역사적 단계성은 자못 명백한 사

79) 안재홍, "신민족주의와 신민주주의," 「선집 Ⅱ」, p. 35.
80) 정윤재, 1999, p. 92.

실"이라는 시의성을 피력하고 새로운 국가는 "국민의 대표
가 모여 헌법을 제정하고 법령을 작성하여, 토지와 기타 산
업경제 기구를 균등경제 · 평권정치로써 균등사회 · 공영국
가"[81]일 것을 강조했다. 즉 그는 경제적, 정치적 평등이 구현
된 국가와 그 구성원으로서 국민을 기대했던 것이다. 그렇기
때문에 그가 '국민'이라는 용어를 사용하게 된 것도 "진보적
인 민족주의에 의하여 삼천만 일심으로 단결된 자주독립의
국민생활을 하는 것을 목표는 삼는 점"[82]에 기인한다. 그에
게 국민당 또는 국민의 용어는 중소지주, 중소자본가, 노동
자, 농민을 통합한 초계급적 국가, 즉 계급통합의 의미를 지
닌다.[83]

안재홍은 "대한민국의 건국이념이 민족자주적인 독립국
가 · 통일국가 · 균등사회의 평권적 사유재산제 · 만민협동
호애의 정신을 조건으로 한다"[84]고 주장하면서 자주적이고
독립된 민족국가와 평등한 권리가 부여되고 자유의지를 행
사할 수 있는 국민들에 의한 신민족주의 · 신민주주의의 성
취 열망을 표현했다. 신민족주의 · 신민주주의에 기초한 국
가는 "안에서는 민족자존의 생활협동체요, 밖으로는 국제협
동의 선의의 분담자"[85]이며 "자존과 협동에의 이용동체의 신
국가로서 발족함은 우리의 책무요 또 권리"[86]이기 때문이다.

81) 안재홍, 1949, pp. 57–61.
82) 안재홍, "재투쟁의 결심으로,"『선집II』, p. 120.
83) 김인식, 1998b, p. 62.
84) 안재홍, "대한민국의 건국이념,"『선집II』, pp. 394–96.
85) 안재홍, 1945, pp. 41–42.
86) 안재홍, 1945, p. 43.

신민족주의 · 신민주주의의 이념에 기초한 초계급적 민족국가는 민족적 과제로서 완전독립의 체세(體勢)를 확립해주는 것이었다.[87]

2). 권리와 의무의 상호성

안재홍의 국가관은 그 자신이 제시한 대안에 그대로 반영되었다. 특히 국민당의 창당과정에서 그의 정치이념은 국민당의 정치이념으로 반영되었으며 정책으로 구체화되었다. 그는 국민당 창당선언을 통해서 정당결성의 목적이 권력획득이나 관료로의 진출이 아니라 정치훈련과 운동의 차원에서 국가의 미래에 대한 공헌이라고 규정함으로써 신민주주의의 실현을 위한 정치조직화에 돌입했음을 천명했다. 정당의 역할로 정치훈련을 주장한 것은 국가와 개인간 관계를 표리적으로 파악한 그의 국가관에 기초하며 신민주주의 확립을 위한 자연스러운 수순이기도 했다. 왜냐하면 자유와 권리를 향유하는 개인의 자아를 통해서 국민의 정체성을 정의했다면, 국민과 국가의 합일관계를 끌어내기 위해서는 자유와 권리의 보장에 대한 국민의 의무를 인지시켜야 하기 때문이다. 의무의 규범화가 이루어진다면 새로운 국가에서 민주주의의 실현이 가능해질 수 있다.

87) 안재홍, "결합구국의 신염원," 『선집Ⅱ』, p. 449.

그렇다면 국민의 의무를 어떻게 형성시킬 수 있을까? 더욱이 근대 이전의 계서적 사회와 식민통치를 거치면서 주체적인 자아를 인지할 경험이 없었던 사회성원들로 하여금 자유와 권리의 확보뿐만 아니라 성원으로서 공동체에 대한 의무이행을 기대한다는 것은 현실적으로 어려움을 갖는다. 이러한 상황 하에서 개인들로 하여금 국가에 대한 정치적 의무의 인지와 수행을 위해 안재홍이 설치한 기제는 무엇이었을까? 우선 안재홍은 다사리 이념의 대중적 실천과 사회개혁의 전기를 마련하기 위해서 의회주의가 타당하다고 주장한다. 이러한 인식의 기저에는 "현하 조선의 역사적 사회적 요청이 계급투쟁을 지양하여 전민족 결합, 균등사회, 자주독립국가완수에로 회통하는 것이 확고한 과업으로 되어 있는바 다수의 진정한 과학적 또는 애국적인 지도자들의 공작에 의한 점차적인 양의 증가로부터 대중의 질로 변화를 일으키고 이 확고한 과제에도 전환적인 비약이 반드시 있을 것"[88]이라는 전망이 내포되어 있다.

안재홍은 의회제도를 "민주주의 정치 실현의 필수의 방식"[89]으로 정언했는데 한국의 민주주의 전통 속에 내재했다는 논거를 통해서 의회주의의 채택을 강조했다. 그는 한국 고유의 민주주의 원리인 '다사리' 이념과 의회주의를 등치

88) 안재홍, 1949, p. 77.
89) 안재홍, 1945, p. 55.

시킴으로써 의회제도를 통한 국민의 자유의지와 권리를 보존하고 과거 소수의 정치적, 사회적 특권계급에 의한 자의적인 운영을 극복하려고 했다.[90] 만약 '다사리' 이념에 따라 의회정치가 정착될 경우, 개인의 권리보존을 위한 국민의 관심과 참여를 유도할 수 있고 국가정책의 대중적 지지를 확보함으로써 국민의 순응과 복종을 가져올 수 있다. 그것은 곧 국민에게 의무를 자각시키는 계기가 될 것이다. 즉 정치과정의 참여와 지지는 자발적인 순응과 복종의 단서가 되며 이러한 일련의 과정을 통해서 국가와 개인이 합일될 수 있다. 이로부터 국가에 대한 개인의 의무는 제도를 통해서 규범화될 수 있으며 정치적 주체의식을 형성하게 된다. 더구나 참여의 관심과 의무의 인지는 이를 촉발시켜주는 매개체를 필요로 한다. 의회주의의 채택은 제도적 행위자로서 정당의 존재와 불가분의 관계를 지니고 있다. 따라서 의회주의에 대한 안재홍의 주장은 의회내 제도적 행위자로서 정당의 존재와 민주주의 실현을 위한 구성요건으로 대중정당의 필요성으로 전개된다.

당시의 정치현실에서 안재홍은 정당의 기능에 대해 얼마나 정확히 이해하고 있었던 것일까? 정당을 통한 의회주의

90) 정윤재, 1999, p. 106.

와 신민족주의에 기초한 국가건설과는 어떠한 상관관계가 있는 것일까? 안재홍은 해방 이후 난립했던 정당과 정치단체로 인해서 대중들의 무관심과 경멸적 태도가 상당했음을 의식하고 "정당은 일정한 정치적 의도를 가지고 국민대중을 한 깃발 아래로 뭉쳐서 필요한 국민운동이나 민족운동을 일으키는 사명을 갖는 것이니 대중을 조직화하여서 위력 있는 정당으로 묶어놓지 않고서는 강력한 정치투쟁이 있을 수 없다"[91]고 역설했다. 안재홍이 정치훈련과 국민운동의 차원에서 정당의 역할을 피력했다는 점을 전제로 한다면, 그에게 정당은 대중의 정치의식을 계몽하고 조직화해서 질적인 변화를 도모하는 기능을 수행하고 이로부터 민주주의의 완성을 가져다 주는 최선의 것이었다. 특히 그가 신생국가 정당의 역할을 국민의 정치교육이라는 기능에 초점을 맞추고 있다는 점에 주목해야 할 것이다. 그는 "헐떡이는 지도층을 집약하고 헤매는 대중을 파악하여 선조들이 이루지 못한 대업을 완성하고 민족천년 웅대한 발족을 하는 것은 경건한 지도자들에게 부과된 위대한 책무"[92]라고 인식했다. 그렇기 때문에 그는 정당과 의회라는 채널을 통해서 국민계몽과 개혁을 수행하고 고양된 정치의식을 가진 대중으로의 질적변화가 민족사의 비약으로 전개될 것으로 기대했다. 더구나 의회주

91) 안재홍, "중앙당으로서의 건국이념," 『선집 II』, p. 83.
92) 안재홍, "내외정세와 건국전망,"『대조』(1권 1호, 1946), p. 10.

의를 채택할 경우 "각자의 관념적인 계급대립을 냉엄한 현실실천에서 지양극복하고 통일민족국가에 회통합일할 수 있다"[93]는 점에서 계급투쟁을 지양하고 어느 계급에도 편향되지 않는 개혁정치를 수행할 것으로 기대할 수 있기 때문이다. 따라서 그는 의회주의를 만민총언·대중공생의 신민족주의 이념에 부합하고 이를 실현시키는 대안이라고 판단했다.[94]

의회제도를 통한 민주주의 실현이라는 안재홍의 열망은 의회 운영에 대한 구체적인 방안으로 나타났다. 그는 국민당의 정책 중 첫 항목을 민주주의 정치로 규정하고 의회제도의 수립을 통해서 국민의 정치참여 보장을 강조했다. 그는 "만민을 정치에 참여케 하는 것은 빈부와 직업의 차이를 두지 않고 성의 차별도 두지 않아 국민총체가 일정 연력에 달한 자는 모두 선거와 피선거권을 가지는 것"[95]으로 의회주의의 의의를 지적한 후 "선거·피선거의 권은 국민참정의 권을 의미하는 자로 국민권리의 최대권한"이라고 강조하면서 구체적인 방안으로 지역별·직장별 대의원 선출과 소선거구의 설정, 만 20세 이상 남녀의 선거권 부여와 부녀자의 계몽, 언론·출판·집회·결사의 자유 보장을 명시했다.[96]

93) 안재홍, 1945, p. 51.
94) CHUNG, 1988, p. 170.
95) 안재홍, "국민당 정강·정책해설," 『선집Ⅱ』, pp. 68~69.
96) 안재홍, 1945, p. 55.

안재홍은 의회를 국가정책의 대중적 지지와 참여를 확고
히 하고 계급적 편향성을 벗어난 정치활동의 장으로 보았
다.[97] 왜냐하면 현재의 한국정치상황이 내부적인 계급투쟁
을 거치지 않고도 자신이 요청하는 대중공생의 민주적인 국
가를 건설할 수 있는 호기라고 판단했기 때문이다. 따라서
그는 의회제도가 이 목표를 완수하기 위한 구체적 실현 방안
의 하나가 될 수 있다고 이해했다. 그가 제시한 의회주의는
과거 다사리로서의 민주정치가 지닌 귀족적이고 특권적인
한계성을 극복하고 현실정치의 계급투쟁적 요소를 지양할
수 있으며 대중공생·만민총언의 신민족주의·신민주주의
국가이념에 부합하는 구체적 실천방안이었다.

정치제도의 측면에서 의회주의는 안재홍이 기대한 정치적
의무의 형성기제였다. 그러나 국가와 개인간 관계는 그 토대
로서 경제적 관계와의 연관성 속에서 이해되어야 한다. 더구
나 개인은 자유의지와 권리를 가진 행위자들이기 때문에 단
순히 의회를 통한 참여만이 정치적 의무의 인지와 수행을 보
장할 수 없다. 특히 정치과정에 대한 참여와 관심은 궁극적
으로 각 개인의 생존보장에 대한 열망과 밀접히 연계되어 있
다. 대중들이 의회주의를 통해 질적으로 변환되는 것도 자신

97) 안재홍, 1945, pp. 44-45.

의 생존과 이익이 보장된다는 확신을 통해서만 이루어질 수 있다.

그렇다면 정치적 관계를 결정하는 토대로서 경제적 관계의 설정은 신생국가의 통치기제를 구축하는데 중요한 구성요소가 된다. 안재홍은 이 문제를 어떻게 해결하려고 했을까? 그는 경제적 균등분배의 선행이 정치적 평등과 문화적 평등을 가져다 주는 객관적 토대라는 사실을 정확히 이해했다. 더욱이 그가 극단적인 좌우에 대해 비판적인 태도를 견지했다는 점을 전제로 할 때, 경제적 문제의 해결을 정치적·문화적 요건보다 선행한 이유가 무엇일까? 그것은 경제적 균등분배의 선행이 민주주의의 성립과 필수불가결한 연관성을 지닌다는 사실을 안재홍이 직시했기 때문일 것이다. 그는 해방이후 한국사회에서 계급대립의 조건이 완전히 소멸되었다는 역사인식의 연장선상에서, 조선의 객관정세가 식민통치로 인해 귀족, 지주, 자본벌의 정치지배세력이 소멸되었고 계급대립과 분열투쟁의 기본조건이 미미하다고 파악했다. 그렇기 때문에 안재홍은 지주와 자본가들의 존재가 미미한 경제적 토대 위에서 노동자, 농민, 소시민 등 근로대중의 복리를 도모하고 균등경제를 건설할 수 있는 기회를 맞이했다고 판단했다.[98] 즉 그에게 한국의 객관적 상황은 "삼균제도를 기반으로 삼는 신민주주의에 의한 신민족주의 국가"[99]의 실현을 위한 조건이 갖추어진 적실한 것이었다.

안재홍은 신민주주의를 단적으로 "삼균주의이다. 즉 삼균정책의 토대 위에 그 만민공화, 대중공생의 신사회 국가가 건설되는 것"[100]이라고 표현했다. 신민주주의와 등가로 제시된 삼균주의는 무엇을 뜻하는가? 안재홍은 삼균을 "지력을 고르게 하고 부력을 고르게 하고 권력을 고르게 하는 것"으로 정의하고 삼균주의의 의의를 "지·부·권 셋은 인생생활의 기본요건이니 이것이 편재 독단됨이 없도록 골고루 분배 소유되는 균등사회·공영국가를 만드는 것"[101]으로 단정했다. 그는 "삼균제도 혹 삼균주의는 민주주의와 잘 대비되나니 그는 신민주주의의 기본요소"라고 정언하고 민주주의가 정치적 불평등을 수정하기 위한 것이었다면 삼균주의는 권력문제에 그치지 않고 "부와 지에까지 그 명확한 균등을 요청하는 점에서 독특한 제도인 채 또 주의"[102]라고 규정했다. 그것은 정치적 평등의 실현이 경제적 평등과 불가분리의 연관성을 지닌다는 점을 지적하는 것이기도 하다. 또한 그것은 신민족주의와 신민주주의를 성취하기 위한 방법론이기도 하다. 즉 "균등사회·공영국가는 우리 조국재건의 지도이념

98) 김인식, 1998a, p. 860.
99) 안재홍, "합작과 건국노선," 「선집Ⅱ」, p. 158.
100) 안재홍, "역사와 과학과의 신민족주의," 「선집Ⅱ」, p. 235.
101) 안재홍, "역사와 과학과의 신민족주의," 「선집Ⅱ」, p. 228.
102) 안재홍, "역사와 과학과의 신민족주의," 「선집Ⅱ」, p. 229.

이요, 이 균등공영의 실천수단으로서의 삼균제도는 자본적 민주주의에 대위할 만민공생의 신민주주의"[103]라는 것이다. 따라서 신민주주의는 실천형태에서 삼균주의이며, 삼균주의를 국가정책의 기본방향으로 설정해야 한다는 것이다. 안재홍은 신민주주의에 기초한 초계급적 국민국가 건설이 삼균주의에 기초한 균등사회의 선결을 요구한다는 인식에 도달함으로써 민주적 사회의 건립을 위한 정치적, 경제적 정의의 성취를 강조했던 것이다.

그런데 왜 경제적 정의의 선행을 강조하는 것일까? 안재홍의 강조는 자본주의적 민주주의로 평가했던 프랑스혁명이 진정한 민주주의의 실현을 이루지 못한 원인으로 분배의 문제를 간과했다는 판단에 기초한다. 그는 "프랑스의 혁명은... 만민이 법률상으로 또 정치제도상으로는 평등이 되고 자유를 누리게 되었던 것이다. 그러나 실제로 인민의 생활을 조건짓는 것은 다만 법률상의 평등만으로 되는 것이 아니라 부 즉 재산의 힘 경제력의 문제가 중대한 결정적 조건으로 되어 있다는 것"[104]이라고 평가했다. 자본주의에 기초한 근대 민주주의는 실질적으로 분배의 정의를 간과했기에 소수의 금융·산업 자본벌과 대지주들이 독점적 지위를 향유하는 금권정치로 추락했다는 것이다.[105] 이로부터 안재홍은 민

103) 안재홍, "역사와 과학과의 신민족주의," 『선집II』, pp. 230–35.
104) 안재홍, 1949, p. 45.
105) 안재홍, 1945, pp. 229–42.

주주의의 실현과 정치적, 법률적 평등을 통해서 인간의 자유와 권리가 보장되었을지라도 완전한 자아의 실현을 위해서 최소한의 생존조건이 확보되지 않으면 −경제적 자유와 균등분배가 이루어지지 않으면− 민주주의의 실현이 어렵다고 판단했던 것이다. 반면에 독점적인 소수자본가의 존재가 이미 소멸되었고 계급적 차별성의 요인이 제거된 당시 한국은 진정한 민주주의 실현의 발판을 마련한 셈이었다. 따라서 안재홍은 "8·15 이후 일본제국주의가 전면적으로 무너짐에 말미암아 우리는 역사상에 그 전후가 없는 새로운 혁명과정을 밟게 되었는데, 그것은... 농민과 지주, 노동자와 자본가가 계급관계를 지양청산하고 경제적 평등사회를 만들어 정치균등과 문화균등의 객관적 토대를 만들게 되어 있을 뿐"[106]만 아니라 해방의 기회를 균등사회 실현의 기회로 파악했다.[107]

안재홍은 분배의 정의가 선행될 경우 자동적으로 정치적 평등이 성취될 것이라고 낙관했던 것일까? 그에게 경제적 균등분배의 선행은 사회혁명으로의 진행을 담보하는 것이었다.

106) 안재홍, "민족위기 타개의 일로," 『선집Ⅱ』, p. 135.
107) 안재홍, "합작과 건국노선," 『선집Ⅱ』, p. 158.

현대적 사회에서 일체를 지배하는 것이 부력 즉 경제적 토대인 것이요, 그 위에 정치적 기구 즉 권력체제가 건조되는 것이며 지력 즉 교육문화의 제 기능이 결정되는 것이다. 고금동서의 일절의 사회문제, 인세의 갈등이 모든 불평등에서 기인된 것이거니와 그 밑동인즉 실은 부·권·지 셋에서 출발한 것이다. 그러므로 사회의 불평등을 발본적으로 불식하는 것은 이 삼균제도요 삼균의 실천을 정강정책으로 하는 곳에 문득 삼균주의라고 일컬을 수 있는 것이 있으니 이 삼균주의의 성립되는 이유이다.[108]

안재홍은 정치적·경제적·교육적 불평등의 제거가 사회적 불평등의 제거를 가져오고 민주주의 실현을 가능케 한다고 판단했다. 그는 "사회적 불평등과 분열 대립의 제 화인을 전반적인 국정시설에서 점층적 발본색원으로써 균등경제 만민공생을 목표로 삼는 신민족주의 독립국가가 요청"[109]된다고 지적하면서 경제적 균등분배가 혁명적인 균등사회를 가져다 줄 것으로 파악했다.[110]

그렇다면 경제적 균등분배를 위해서 무엇을 해야 할 것인가? 이에 대해서 안재홍은 우선적으로 토지개혁을 거론했다. 그는 "경제균등을 실천하는 데는 토지개혁이 중요한 반

108) 안재홍, "역사와 과학과의 신민족주의," 『선집Ⅱ』, p. 228.
109) 안재홍, "결합구국의 신염원," 『선집Ⅱ』, p. 450.
110) 안재홍, "합작과 건국노선," 『선집Ⅱ』, p. 158.

조각이 되는 것인데 농민에게 골고루 나누어주는 것이 무엇보다도 이 시기의 가장 중요한 조건"[111]이라고 강조했다. 이어서 그는 "토지는 국유로 함이 원칙이로되 농민의 세습소유를 허여함이 또한 그 천연적인 인정에 적응하나니 인구비례에 의하여 그 면적을 배정할 것"[112]을 제안했다. 그 구체적인 정책으로 "최저리의 장기상환으로 국가재원의 조장과 세습토지의 자유처분을 국법으로 금지"[113]할 것을 지적하고 "토지국유의 원칙에서 그 세습사유를 보장하되 개인간의 사고 파는 행위는 국법으로 금지하고 국가에만 팔기로 하면 국가에서는 꼭 수요되는 경작자에 분여하게 되는 것이다. 이것이 유가회수 무가분여의 정책"[114]을 경제적 균등분배의 선결조건으로 제시했다.[115]

만약 안재홍의 기대대로 토지분배가 성공적으로 수행된다면, 경제적 정의의 최소기준을 충족시킬 수 있을 것이다.[116] 나아가 이런 방식으로 최소한의 경제적 여건을 마련한다면 국민 각 개인의 정치적·문화적 평등의 향유가 가능해지며 그들의 자유와 권리가 보장될 것으로 기대된다. 이에 따라서 안재홍은 부·권·지의 평등이라는 삼균주의를 "민주주의 또는 공산주의 등 정치평등과 경제균등의 양자를 횡적이요 또 공간적으로 병행쌍진하되, 다시 교화의 평등 즉 지력의

111) 안재홍, "격동하는 민중에게 고하는 말씀," 『선집II』, p. 148.
112) 안재홍, 1945, p. 56.
113) 안재홍, 1945, p. 57.
114) 안재홍, "합작과 건국노선," 『선집II』, p. 155.
115) 이와 더불어 안재홍은 본격적으로 산업부흥정책, 금융정책, 농민·노동자정책, 일반경제정책, 국민문화정책을 제시했다. 예를 들어서 산업화정책은 중요산업과 국방산업의 국영화, 중·경공업과 산업·무역·상업의 민영화와 국가의 지도 하에 둔다는 내용을 담고 있고 금융정책은 산업의 재건과 함께 금본위제의 확립을 요구했다. 또한 농민·노동자정책은 최저노임과 최고노동시간의 제정, 유년노동의 금지, 부녀자와 소년노동자의 야간위험작업의 금지, 소비세의 폐지·경감을 골자로 하고 있으며, 농업·광업·수산업·임업과 기간시설의 건설과 계획을 위해 기획원의 건립을 요구했다. 국민문화정책으로는 의무교육과 과학교육의 실시, 문맹퇴치와 사회교육의 보급, 의료보건기관 등 사회시설의 확충을 제시하고 있다. 안재홍, 1945, pp. 57-63.
116) 한국정치사에 있어서 토지개혁은 당시 정치과정에서 가장 첨예한 문제였고 이후 농지개혁, 한국전쟁, 산업화와 민주화로 이어지는 정치사의 전개

평등으로써 배합"117)하는 것으로 그 독창성을 강조하고 정치적·경제적·교육적 불평등을 일시에 극복하는 것이 아니라 분배의 정의에 기초한 정치적·경제적 균등을 우선적으로 성취한 이후 단계적으로 교육과 문화적 균등을 이루어가야 한다고 강조했다.118)

안재홍의 삼균주의는 단순히 분배의 정의가 자유와 권리의 자동적인 보장을 가져올 것이라는 낙관론이 아니다. 왜냐하면 안재홍은 정치적, 경제적, 교육적 평등과 함께 책무평등(責務平等)과 봉사평등(奉仕平等)의 측면을 간과하지 않았기 때문이다. 그는 "삼균주의는 권리·평등의 주동적인 요건을 갖추었지만 만민개로(萬民皆勞), 협동호애하는 책무평등과 봉사평등의 방면이 저절로 등한시되는 점이 없지 않다. 정치·경제·교화 등 권리의 평등과 근로협동 등 의무, 즉 봉사의 균등을 그 조건으로 삼는 진정한 민주주의 즉 신민주주의의 토대 위에 존재하는 신민족주의는 가장 그 과학적 타당성을 가질 것"119)이라고 강조했다. 이 점에서 안재홍은 조소앙의 삼균주의가 정치·경제·교육의 평등을 제시하고 있지만 만민개로라는 봉사와 의무의 평등에 있어서 자신과 다르다고 지적했다. 특히 한국의 정세에 맞는 부·권·지의

를 이해하는 출발점이기도 하다. 그런데 농지개혁에 관한 일종의 신화가 존재한다. 한국전쟁 이전에 농지개혁법안이 입법되고 제정되는 과정에서 그 개혁의 실제집행이 이루어졌는지의 여부가 쟁점으로 제기되어 왔다. 농지개혁의 시행과정에 대한 신화는 대략 세 가지이다. 하나는 한국전쟁 이전에는 농지개혁이 이루어지지 않았다는 점. 다른 하나는 농지개혁법안을 둘러싸고 보여준 각 정파의 태도로 인해서 1950년 5.30 선거에서 지주계층의 이해관계를 대변했던 민국당이 패배하고 개혁적인 중간파가 대거 원내진출을 할 수 있었다는 점, 마지막으로 북한이 점령시기 토지개혁으로 인해서 지지를 얻었다는 가설을 거론할 수 있다. 당시 농지개혁법안의 최종확정일이 1950년 3월 10일이었고 시행령 공포는 1950년 3월 25일, 시행규칙 공포는 1950년 4월 28일, 세부규정과 요령공포는 1950년 6월 23일에 이루어졌다. 그러므로 이틀 뒤 한국전쟁이 발발했기 때문에 농지에 대한 실질적 매수와 분배는 실행되지 않았을 것이라는 점이 표면상 드러난 사실이다. 그러나 김일영은 이승만 정부가 국민적 지지를 동원하기 위해서 농지개혁에 적극적이었기 때문에, 1949년 6월 농지개혁법안이 공포된 후

삼균은 문화적 균등이라는 점에서 본질적으로 삼민(三民)의 개념과도 다른 것이라고 차별화 했다.[120]

안재홍은 삼균주의를 통해서 정치적 · 경제적 · 교육적 권리와 혜택의 균등을 요구하는 동시에 협력과 봉사의 의무와 연계시킴으로써 신생국가에서 부족한 통합성, 상호성을 확보하려고 했다. 또한 그것은 안재홍의 신민족주의론이 담고 있는 정치교의로의 성격을 분명히 해주는 것이었다. 즉 신민족주의론은 단순히 이념적 호소에 불과한 것이 아니라 민주주의로의 진입을 위한 논리적 선행조건이며 민주주의로의 진입과정에서 요구되는 대중의 정치적 권리와 의무를 강조하는 정치교의인 것이다.

5. 미제(未濟)의 교의

안재홍의 신민족주의와 신민주주의론은 새로운 국가건설에 요구되는 정치교의로 접근할 경우, 그의 중도적 정치노선과의 연관성으로부터 내포된 정치적 함의를 명확히 이해할 수 있다. 안재홍은 신민족주의와 신민주주의를 통해서 당시 현실정치가 요구하는 통합지향적인 정치이념과 실천방안을

1950년 3월 10일 150% 정부보상의 토지개혁법이 확정된 후 15일부터 24일에 걸쳐 매수농지의 면적을 확정하고 그 해 4월 5일부터 농지분배 예정통지서를 발송하기 시작했다고 주장한다. 따라서 김일영은 매수농지에 대한 일람표가 모두 공납되었던 3월 24일을 전후해서 농지분배가 상당부분 진행되었다는 추론이 가능하며 1950년 3월에서 10월 사이에 70~80% 분배가 단행되었다고 보고 있다. 이 과정에서 소장파의 법안은 토지소유의 상한선을 2정보 이하로 규정하고 상환부담을 150%이하로 최소화하는 방향이었는데 그것은 경제적 균등성을 목적으로 한 것이었다. 김일영, "농지개혁을 둘러싼 신화의 해체," 한국정치학회 엮음,『한국정치연구의 쟁점과 과제』(서울: 한울, 2001), pp. 64~105.
117) 안재홍, "역사와 과학과의 신민족주의,"『선집II』, p. 231.
118) 안재홍의 삼균주의에서 나타나는 교육의 균등은 삼민주의와 차별화되는 요소로 교육을 통한 내면적 완성과 이를 통해서 정치적 · 경제적 외면의 완성을 추구할 수 있다는 점에서 전통적인 유가적 국가관을 보여주는 것이기도 하다. 한승조,『해방전후사의 쟁점과 평가 2』(서울: 형설출판사, 1989), p. 180.

제시하려고 했으며 그것이 세계사적 보편성과 함께 한국의 고유성을 아우르는 타당한 대안임을 역설했다.

안재홍의 신민족주의론은 민족주의의 출현을 한국의 역사발전 단계에서 필연적으로 요청되는 것으로 파악하고 민족의 역사적 특수성에 따른 독자적인 민족주의로 규정된다. 그것은 국민국가의 이념적 근거로서 한국역사에서 나타나는 고유한 민주주의 원리와 부합하는 것이기도 하다. 따라서 안재홍의 신민주주의론은 신민족주의와 표리의 관계에 놓이며 새로운 국민국가의 사회운영원리로 요구되는 것이다. 특히 신민주주의는 고유의 민주적 이념인 다사리의 현대적 변용으로 재정립되었다. 즉 국민국가의 운영원리가 보편적인 민주주의를 채택해야 한다면, 다사리야말로 한국고유의 민주주의 원리이자 동시에 새로운 국가에 적합한 것으로 전망했던 것이다. 그렇기 때문에 안재홍의 신민족주의 · 신민주주의는 민족주의와 민주주의의 보편성과 특수성이 한국의 정치사회에 확대, 적용된 것이었다.

한편 안재홍은 민족주의와 민주주의를 동시에 실현하기 위한 선행조건으로 균등사회의 구현을 요구한다. 그 실천방안으로 안재홍은 정치적 · 경제적 · 교육적 권리의 균등, 즉 삼균과 의무의 균등을 동시에 제시했다. 그에 따르면 삼균주

119) 안재홍, "신민족주의의 과학성과 통일독립의 과업," 진덕규 편, 『한국의 민족주의』(서울: 현대사상사, 1982), p. 227.
120) 손문의 삼민은 "民族" "民權" "民生"을 가리키며 손문 자신이 이를 "民有"(of the people), "民治"(by the people), "民享"(for the people)이라는 민주주의 원리로 파악했다. 따라서 삼민주의에는 자유의 개념이 민족주의로, 평등의 개념이 민권주의로, 박애의 개념이 민생주의로 치환되고 있다. 이조헌, "삼민주의 해설," 「비판」7 (1931), pp. 117~118.

의의 적용으로 대중공생의 균등경제 토대를 확립하고 그 위에 다사리 이념으로 운영되는 사회, 나아가 초계급적인 통합된 국민국가가 건설될 수 있다는 것이다. 그러므로 삼균주의의 관철이야말로 곧 신민주주의의 실천이며 삼균주의 정책에 토대를 두고 만민공화·대중공생의 균등사회가 건설될 경우, 이에 의거한 국가야말로 민족적·민주적인 국가가 될 것으로 기대했던 것이다.

여기에서 안재홍의 신민족주의론이 담고 있는 국가의 본질이 명확히 드러나게 된다. 안재홍의 신민족주의와 신민주주의가 정치교의로서의 기능을 담고 있다는 근거는 바로 경제적 균등분배를 민주주의 실현과 국민국가 완성을 위한 선행조건으로 삼았다는 점에 있다. 안재홍은 자신의 역사관을 통해서 생존에 대한 인간의 열망이 민족과 민족주의의 폐해성이라는 외연의 확대로 전개되었고 이는 또다시 생존의 위협이라는 역설적인 상황으로 환원되었다는 사실을 피력했다. 인간은 자신의 생존에 대한 본능적인 관심과 이를 위해서 동원가능한 모든 수단을 이용하여 욕망을 충족시키려고 한다. 그것은 개인으로부터 민족에 이르기까지 동일한 것이다. 그렇기 때문에 안재홍이 꿈꾸었던 국가는 내외적으로 협력적이고 생존을 보장할 수 있는 최소한의 조건을 충족시켜야 할 필요성이 있었다.

안재홍은 욕망의 충족이 이기적이라는 점에서 그 이기성을 내부적으로 조화시킬 수 있는 방법을 찾아야 했다. 이를 위해서 그는 경제적 요건의 해결이 인간본성의 열망, 즉 생존의 조건을 해결하는 최우선적인 사항이라는 점을 고려했다고 추론할 수 있다. 그것은 모든 구성원에게 최소한의 동일한 이익, 즉 생존의 보장이라는 기제를 구축하는 것이었다. 신민주주의는 바로 모두에게 동일한 이익을 보장하는 운영원리이며 신민족주의에 기초한 국민국가는 이를 보장하는 근본적인 권위인 셈이다. 만약 어느 누구나 생존을 위한 동등한 조건을 부여받는다면 내부적으로 모두가 동등한 권리를 향유하는 것이며 이로부터 개인간 또는 개인과 공동체간 갈등과 대립은 자연스럽게 소멸될 수 있을 것이다. 그 결과 동등한 이익을 보장받는 사회성원들은 자신들의 생존과 이익을 보장하는 국가에 그 반대급부로서 자발적인 참여와 복종을 보여주게 될 것이다. 따라서 신민족주의에 기초한 국민국가는 내부적으로 초계급적 통합성을 확보하며 이러한 국가와 국가간 관계 역시 원활할 수밖에 없다. 신민족주의·신민주주의론은 바로 내외적 문제해결을 위한 일원적인 해결장치로 제시된 정치교의인 셈이다.

그러나 안재홍의 신민족주의·신민주주의론은 결과적으로 현실정치에서 주도권 획득에 실패했다. 그것은 냉전체제와 국제질서의 영향을 받는 국내정치 환경 하에서 통합을 지향하는 중앙의 노선이 자리잡을 수 있는 여지가 없었기 때문이다. 그렇다면 현실에서 패배한 정치교의가 현재의 한국정치에 어떠한 적실성을 갖는가? 이에 대한 답변은 여전히 미제로 남을 수밖에 없을 것이다. 왜냐하면 건국의 과정에서 제기된 문제의식-통합성, 자주성, 독립성, 국제협력성 등-이 여전히 한국정치의 미제로 남아있다는 점에서 진부할 수 있는 과거의 정치교의 역시 여전히 한국정치의 대안으로 채택될 수도 있는 선택사항이기 때문이다.

■ 참고문헌

안재홍. 1945.『신민족주의와 신민주주의』. 서울: 민우사.

　　　　 1947.『조선상고사감』(상·하). 서울: 민우사.

　　　　 1949.『한민족의 기본진로』. 서울: 조양사.

　　　　 1982. "신민족주의의 과학성과 통일독립의 과업," 진덕규 편.
『한국의 민족주의』. 서울: 현대사상사.

안재홍선집간행위원회 편. 1981.『민세안재홍선집 I』. 서울: 지식산업사.

　　　　　　　　　　 1983.『민세안재홍선집 II』. 서울: 지식산업사.

강만길 외. 1985.『해방전후사의 인식 2』. 서울: 한길사.

강만길·심지연. 2000.『항일독립투쟁과 좌우합작』. 서울: 한울.

강영철. 1988. "민세 안재홍의 사상과 통일의지,"『북한』(7).

김덕형. 1976. "민세 안재홍,"『한국의 명가』. 서울: 일지사.

김인식. 1997. "안재홍의 신민족주의 사상과 운동," 박사학위논문. 중앙
대학교.

　　　　 1998a. "안재홍의 신민족주의의 과학성론,"『사학연구』55-56집.

　　　　 1998b. "해방후 안재홍의 안재홍의 민공협동운동,"『근현대사강
좌』10집.

　　　　 1998c. "안재홍의 신민족주의 이념의 형성과정과 조선정치철
학,"『한국학보』24집 4호.

　　　　 2000. "좌우합작운동에 참여한 우익주체의 현실인식변화,"『근
현대사 강좌』11호.

김일영. "농지개혁을 둘러싼 신화의 해체," 한국정치학회 엮음.『한국정
치연구의 쟁점과 과제』. 서울: 한울.

김재명. 2003.『한국현대사의 비극』. 서울: 선인.

김정배. 1979. "신민족주의 사관," 『문학과 지성』.

김호성. 1989. 『한국민족주의론』. 서울: 문우사.

민족주의민족전선 편. 1988. 『해방조선』 I, II. 서울: 과학과 사상.

서중석. 1992. "송진우 · 안재홍 – 타협이냐 비타협이냐," 역사문제연구

　　　소 편. 『한국현대사의 라이벌』. 서울: 역사비평사.

　　　2002. 『비극의 현대지도자』. 성균관대학교출판부.

　　　2000. 『남북협상-김규식의 길, 김구의 길』. 서울: 한울.

송건호 · 강만길. 1982. 『한국민족주의론 I』. 서울: 창비사.

송건호 외. 1980. 『해방전후사의 인식 1』. 서울: 한길사.

송건호. 1984. 『한국현대 인물사론』. 서울: 한길사.

송남헌. 1985. 『해방삼년사 I』. 서울: 까치.

심지연. 1986. 『해방정국논쟁사 I』. 서울: 한울.

유경인. 1988. "해방공간과 중간파정치노선의 좌절," 『민족지성』.

유광렬. 1932. "안재홍론," 『동광』. 4권 7호.

유병용. 1986. "안재홍의 정치사상에 관한 재검토," 한국독립운동사연구

　　　회 편. 『한국민족운동사연구 1』. 서울: 지식산업사.

이정식. 1976. "구성 – 민세 안재홍의 자서전," 『신동아』 (11).

이조헌. "삼민주의 해설," 『비판』 7 (1931).

이지원. 1991. "일제하 안재홍의 현실인식과 민족해방운동론," 한국역사

　　　연구회, 『역사와 현실』. 서울: 역사비평사.

장을병. 1989. "한국의 민족주의와 민주주의," 성대사회과학연구소 편.

　　　『한국민족주의의 이상과 현실』. 서울: 대영출판사.

장회익 · 임현진 외. 2001. 『한국의 지성 100년』. 서울: 민음사.

정윤재. 1981. "안재홍의 정치사상 연구," 『사회과학과 정책연구』. III-3.

　　　서울대학교.

　　　1990. "해방직후 신민족주의 정치사상 연구," 안청시 편. 『한국

　　　　　정치경제론』. 서울: 법문사.

　　　　　1999. 『다사리 국가론』. 서울: 백산서당.

정호원. 1987. "민세 안재홍의 신민족주의 정치사상 연구," 석사학위논
　　　　　문. 연세대학교.

조동걸. 1989. 『한국민족주의 성립과 독립운동사 연구』. 서울: 지식산업사.

진덕규. 1976. 『한국의 민족주의』. 서울: 현대사상사.

차기벽. 1990. 『민족주의 원론』. 서울: 한길사.

최상용. 1988. 『미군정과 한국민족주의』. 서울: 나남.

한국민족운동사학회. 2002. 『일제강점기의 민족운동과 종교』. 국학자료원.

한승조. 1990. 『해방전후사의 쟁점과 평가 2』. 서울: 형설출판사.

한흥수 외. 1998. 『한국현대사의 재인식 2』. 서울: 오름.

함상훈. 1945. "대중공생의 이념 -안재홍씨의 신민족주의론-," 『백민』 1
　　　　　권 1호 (12).

YOON JAE CHUNG. 1988. *A Medical Approach to Political
　　　　　Leadership : AN CHAE-HONG and A Healthy Korea*,
　　　　　Dissetation for Ph.D in Political Science. University of
　　　　　Hawaii. Manoa.

민세 **안재홍** 심층연구

초판인쇄일 | 2005년 6월 20일
초판발행일 | 2005년 6월 27일

지은이 | 정윤재 · 이진한 · 김인식 · 윤대식
펴낸이 | 김영복
펴낸곳 | 도서출판 황금알

주간 | 김영탁
실장 | 조경숙
편집 | 칼라박스
표지디자인 | 칼라박스

주소 | 100-272 서울시 중구 필동2가 124-11 2F
전화 | 02)2275-9171
팩스 | 02)2275-9172
이메일 | tibet21@hanmail.net
홈페이지 | http://goldegg21.com
출판등록 | 2003년 03월 26일(제10-2610호)